JN034741

今日の3時にまにあう
おやつ

婦人之友社

Contents

Part 1
クッキー・ビスケット・クラッカー

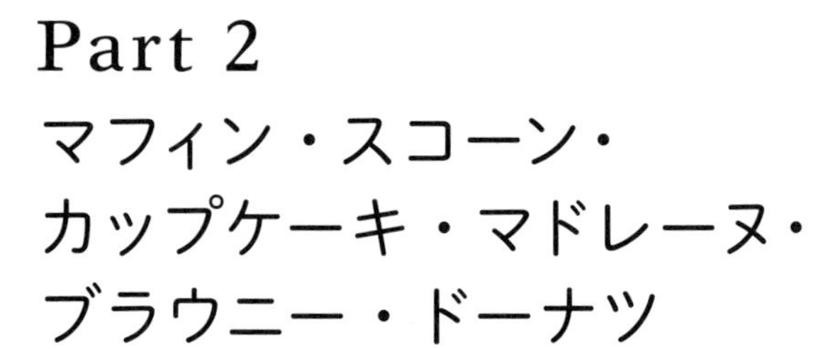

Part 2
マフィン・スコーン・カップケーキ・マドレーヌ・ブラウニー・ドーナツ

Part 3
パンケーキ・ケーキ

Part 4
冷たいおやつ

Part 5
パン・パイ

Part 6
和のおやつ・小さなおやつ

材料のこと

おやつづくりで欠かせない「粉」と「砂糖」について紹介します。
材料の特性を知っておくことで、失敗なくつくれたり、好みの味にすることができます。

粉もの

薄力粉

小麦粉の中でも、グルテンの含有量が一番少ない粉で、水分を加えて混ぜるとふんわりとした生地になります。焼き菓子をつくるときによく使う粉です。粒子が細かく、ダマになりやすいので、よくふるいましょう。

強力粉

小麦粉の中では、グルテンの含有量が最も多く、弾力性にすぐれて、こねるほどに生地がよくのび、もちもちとした食感に仕上がります。おもにパンをつくるときに使う粉で、粒子が粗く、ふるわずに使うこともあります。

米粉

うるち米またはもち米を粉末にしたもの。グルテンフリーなので、小麦粉から置きかえることで、小麦アレルギーの人でもサクサクのお菓子やしっとりしたパンを楽しめます。ダマになりにくく、水にとけやすいのが特徴です。

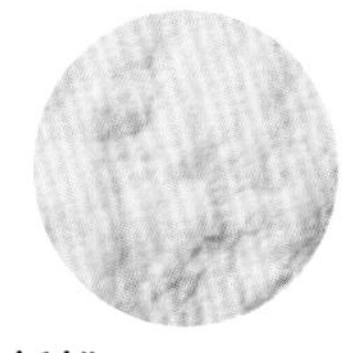

上新粉

米粉の一種。うるち米を精白して水洗いし、乾燥させてから粉にしたもので、団子や柏餅、草餅などをつくるときに使います。熱湯を加えながらねることで、歯ごたえと弾力が生まれます。

白玉粉

もち米を1〜2日水につけて石臼でひき、沈澱したものを乾燥させた粉。白玉や大福などに使われます。水を少しずつ加えて混ぜて成形し、熱湯でゆでます。滑らかな舌触りともちもちとした食感です。

ベーキングパウダー

別名「ふくらし粉」と呼ばれ、焼き菓子やパンをふっくらと膨らませるための膨張剤です。少しの増減で膨らみ方がかわるので、レシピの分量を守りましょう。

ホットケーキミックス

ホットケーキの材料である、小麦粉や砂糖、ベーキングパウダー、油脂などがあらかじめ調合してある粉です。メーカーによって味や特徴が異なります。粉をふるう必要がなく、いろいろなお菓子づくりに使えます。

砂糖

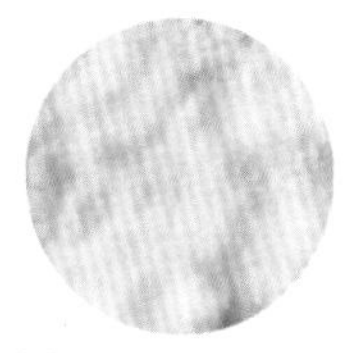

上白糖

原料となる「さとうきび」「てん菜」から糖分を取り出して結晶化したもの。料理やお菓子、飲みものなど日本で一般的に使われている砂糖で、しっとりとソフトな風味です。本書の「砂糖」の表記は、上白糖です。

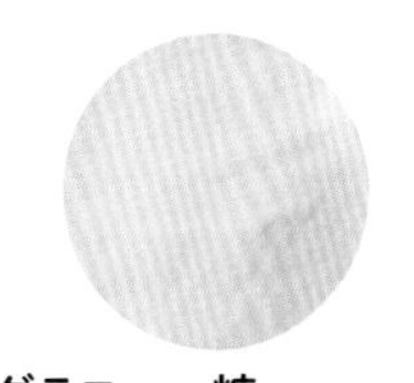

グラニュー糖

糖度99.8度以上でお菓子づくりによく使われ、上白糖よりも純度が高い砂糖です。世界的にはグラニュー糖がよく使われています。水にとけやすく、くせのないサラッとした甘さです。

きび砂糖

「さとうきび」の絞り汁を煮詰めてつくるため、ミネラル分を多く含んでいます。さらさらとした粉末で、さとうきび特有の風味とコクがあり、まろやかな甘さです。

粉砂糖

グラニュー糖をさらに細かく粉砕した、きめの細かいパウダー状の砂糖です。クッキーなら、きめが細かくほろほろとくずれるような食感に。ケーキのデコレーションとしても使います。

おやつづくりのポイント

つくるものによって、粉の扱い方や混ぜ方が違ってきます。
ポイントを知っておくことが上手につくる近道になります。

粉のふるい方

お菓子をかるく、ふっくらとつくるのに、粉をふるい、ダマをなくしておくことは大切です。
ふるい方は、手を動かす方法とざるを動かす方法の２種類があります。

1種類の粉をふるう

手を回してふるう

ざるに粉を入れたら、手の第1関節を曲げて、空気を入れるように、手をぐるぐると回しながら、静かにふるいます。残った粒は指先でつぶして、最後までしっかりふるいます。

ざるを動かしてふるう

ざるを動かす場合は、大きめのボウルを用意して、高いところから、空気を入れるように、ざるのふちをトントンと叩きながらふるいます。残った粒は指先でつぶして入れます。

複数の粉をふるう

数種類の粉をすべてざるに入れてふるう方法と、一度別のボウルにふるいたい粉をすべて入れて、均一に混ぜ合わせてからふるう方法があります。

粉の混ぜ方

切るようにさっくり混ぜる、しっかり混ぜるなど、
それぞれのつくり方にならって混ぜ方をかえましょう。

切るようにさっくり混ぜる

ゴムべらで生地の真ん中を切り、ゴムべらを側面にあてて、ぐるりとひっくり返すように混ぜます。このとき、ボウルも少しずつ回して生地を返すと混ぜやすくなります。これを数回行って全体をさっくりと混ぜることで、泡立てた卵の泡がつぶれにくくなったり、粉を混ぜすぎて生地がかたくなるのを防ぎます。

よく混ぜ合わせる

クッキーをつくるときは、バターと砂糖をしっかり混ぜ合わせることで空気が入り、軽い食感になります。
また、米粉など、混ぜてもグルテンが発生しないもの、逆にしっかり混ぜてグルテンを発生させたいパンなども、全体をよく混ぜ合わせます。

2～3回に分けて混ぜる

油脂であるバターに卵や牛乳を加えるときは、一度に入れると材料がうまく混ざりません。2～3回に分けて、少しずつ加え、そのつどしっかり混ぜます。全体がしっかり混ざったら、粉を加えるようにしましょう。

道具のこと

おやつをつくるときに、揃えておきたいおもな道具です。
特別なものではなく、普段使っているものでOKです。

ボウル

大きめのボウルが1～2個あると、粉を混ぜるときなどに重宝します。ガラス製やステンレス製など使いやすいものを用意しましょう。

ざる（ストレーナー）

粉をふるうときに使います。ボウルよりひとまわり小さいサイズで、目が細かいものがおすすめです。少量の場合は、茶漉しで代用できます。

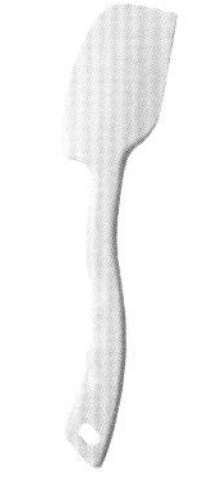

ゴムべら

生地を混ぜたり、すくい取ったりするときに使います。切るように混ぜたり、こするように混ぜたりできるので、耐熱性のものを1本持っていると便利です。

泡立て器

材料を混ぜ合わせるときは、泡立て器が重宝します。卵を泡立てるときには、電動のハンドミキサーを使うと楽です。

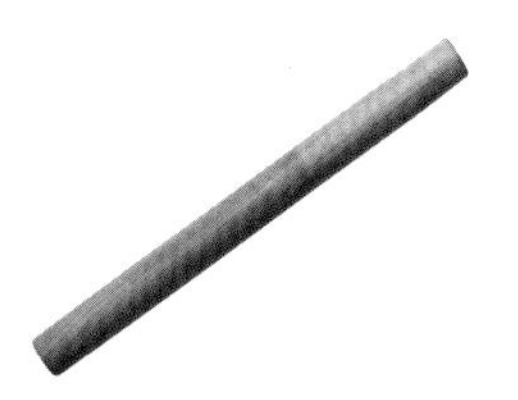

めん棒

生地をのばしたり、材料をくだいたりするときに使います。生地を均一にのばすときは太めのものが使いやすいでしょう。

刷毛

生地の表面に卵液をぬる、バターをぬる、余分な粉を払うなど、いろいろな使い方ができます。

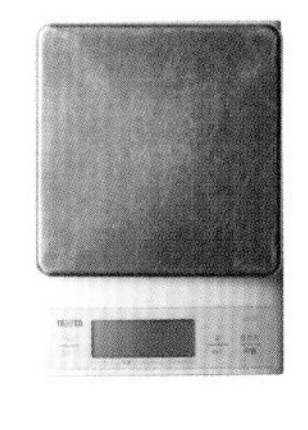

はかり

分量をはかるために欠かせない道具です。ほかにも計量カップや計量スプーンも計量には必要です。分量どおりはかることでおいしく仕上がります。

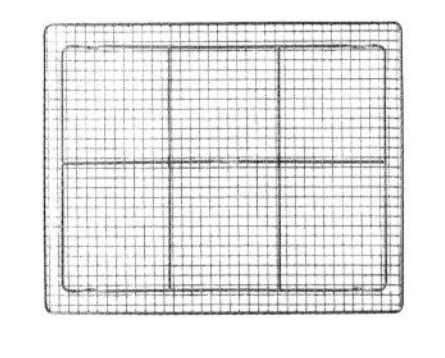

網／ケーキクーラー

焼きたてのお菓子をのせ、熱を取って冷ますほか、オーブンで焼いた生地をのせて落ち着かせたり、湿気を逃したりします。

フライパン

パンケーキやスコーンなど、フライパンでつくるお菓子も多数。予熱の必要もなく手軽に使えます。

包丁

果物や野菜、焼く前の生地やできあがったおやつを切るときに使います。

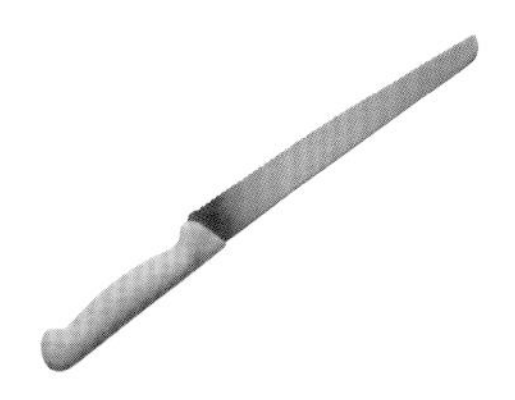

パン切り包丁

刃の幅が狭く、刃が波形やのこぎり状の包丁。ふんわりしたケーキも、つぶさずに切ることができます。

まな板

材料やできあがりを切るときに使ったり、生地をのばすときにも使います。

正しい計量の仕方

おやつは、レシピ通りにきちんと分量をはかることで、おいしく仕上がります。
ここでは基本となる正しい計量の方法を解説します。

デジタルスケール

粉や砂糖などをはかるときに便利なデジタルスケール。1g単位ではかれ、ひとつのボウルに材料を加えていっても正確にはかることができます。
計量する場合は、スケールの上にボウルなどをのせてゼロ表示機能を利用し、目盛りの0を確認してから、材料を入れてはかりましょう。

計量カップ

一般的な計量カップは、200mlまで計量できます。水平な場所に置き、液体を注ぎます。目盛りと水平な高さで見ると、正確にはかれます。上や斜めから見ると不正確になるので、必ず目を目盛りと同じ高さにしてはかりましょう。

計量スプーン

大さじ1のはかり方

計量スプーンの大さじを使います。粉ものを大さじ1杯準備する場合は、山盛りにふんわりとすくい、スプーンの柄などを使って、押しつけずに平らにすり切ります。液体をはかるときは、こぼれ落ちる直前まで入れます。

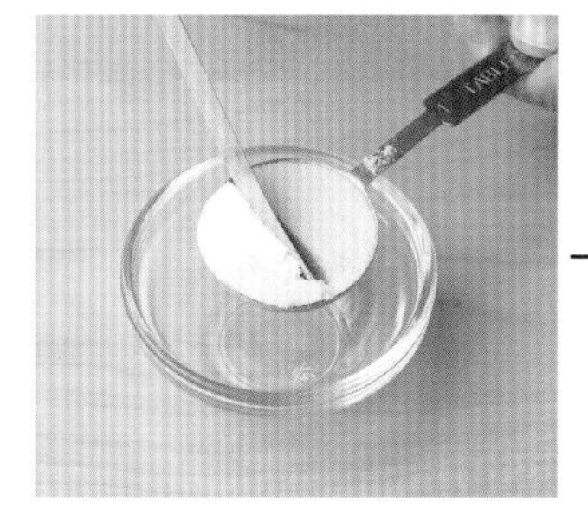

→

大さじ½のはかり方

同じく、計量スプーンの大さじを使います。粉ものをはかるときは、まず大さじ1にすり切ります。そのあと、半分になるように区切り、区切った半量を取り除けば、½になります。

はじめに

忙しい暮らしの中で、毎日のおやつを手づくりするのは少々ハードルが高いことかもしれません。また、働きながら子育てをするご家庭にとっては、ゆっくりとおやつの時間を取ることさえも難しいでしょう。だからこそ、“今日ならできる！”と思った日に、楽しんでつくれるレシピや工夫を集めました。

おいしくて、なるべくシンプルな材料で、初めてでも手軽に失敗なくできるおやつレシピ。考案者の石田薫さん、荻田尚子さん、舘野鏡子さんは、自身の子育てを通して、“今日の3時”に食べさせてきたとっておきのレシピを、藤野貴子さんは子ども時代に母嘉子さん（料理研究家）につくってもらった思い出のおやつを中心に、それぞれ紹介してくださいました。

また、婦人之友社がこれまで刊行してきたお菓子の本から好評だったケーキやビスケット、パンは今の時代に合うようにアレンジし、月刊『婦人之友』で反響の大きかったボックスカステラ（p56）、バナナケーキ（p58）、大学芋（p106）は当時のまま再録いたしました。ぜひ、つくっていただけたら幸いです。

おやつは、1日の中の大切な一食。軽くて口あたりのよいスナック菓子や、市販の甘いおやつばかりでは、塩分、糖分、油脂分などが過多になりがちです。栄養的にも安心して食べられるおやつと軽食は、幼児から育ち盛りの子どもたちの健康も支えてくれるはずです。

ケーキやパンの焼きあがる甘い香りは、なんとも幸せで、わくわくさせてくれるもの。ひとつのおやつを通して、皆さまのご家庭に笑顔が広がりますように――。

婦人之友社編集部

この本のきまり

- 1カップは200ml、大さじ1は15ml、小さじ1は5mlです。
- 卵はMサイズ（正味50g）を使用しています。
- 砂糖と表記のものは上白糖ですが、好みのものでもかまいません。
- バターは、表記のないものは無塩バターを使用しています。室温にもどす場合は、室温に1～2時間おきます。急ぐ場合は電子レンジの解凍機能で加熱します。とかしバターは、電子レンジや湯せんにかけて、完全にとかします。
- オーブンは機種によって加熱温度、加熱時間、焼きあがりが異なります。表示の時間を目安に、調整してください。
- 電子レンジの加熱時間は、600Wの場合の目安です。500Wの場合は、1.2倍の時間にしてください。
- 調理時間は、目安としての参考です。
- 保存期間表記の「常温」は、暑い時期は冷蔵庫や涼しいところにおいてください。保存期間によっては、乾燥剤を使用するのもよいでしょう。

Part 1

クッキー・ビスケット・クラッカー

サクッとした食感がくせになるクッキーやビスケット、
クラッカーはおやつの定番。
一度にたくさんつくれるので、
時間のあるときに焼いておくと重宝します。
生地を混ぜたり、こねたり、型をぬいたりと、
子どもといっしょに作業できるのも魅力。
つくり慣れるまで、繰り返しつくってみてください。
基本の生地をマスターしたら、
好きな材料を混ぜてアレンジも。

50g クッキー

フォークで平たくのばした、ザクザクの食感を楽しめる簡単クッキーです。
ベーキングパウダー以外の材料はすべて50g。覚えやすいのがポイントです。
わが家では、湿気ってしまったコーンフレークの復活レシピでもあります。（舘野）

調理時間 15〜20分（焼く時間を除く）

保存期間 密閉容器に入れて常温で4〜5日

材料（直径5〜6cm 20個分）

A

薄力粉
50g

ベーキングパウダー
小さじ½

バター（有塩）
50g

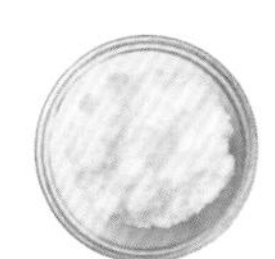
砂糖
50g

卵
1個

コーンフレーク
50g

板チョコレート
（またはチョコチップ）
約50g

〈 準備 〉

- バターは室温にもどしておく。
- 天板にクッキングシートをしく。
- オーブンは180℃に予熱する。

つくり方

1

チョコレートは粗く刻む。コーンフレークは手でにぎりつぶし、粗くくだく。

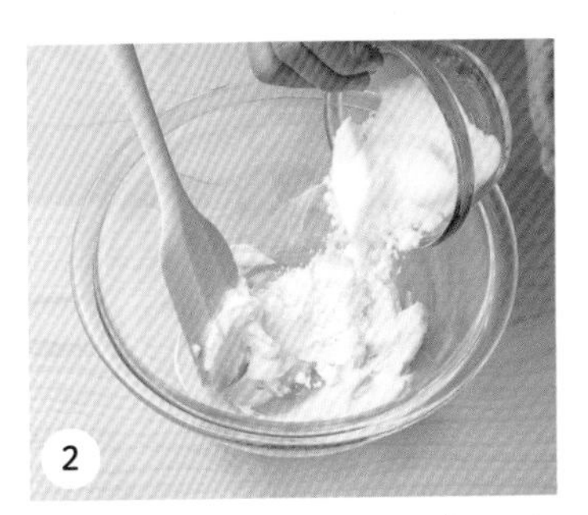
2

ボウルにバターを入れ、ゴムべらでやわらかくねり、砂糖を加えてよく混ぜる。

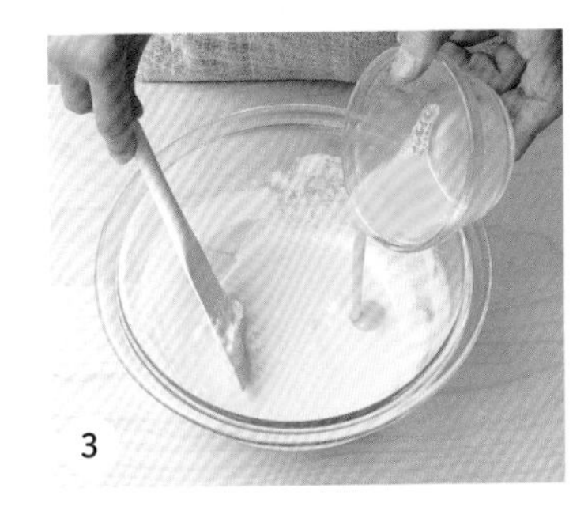
3

卵をときほぐし、②に2〜3回に分けて加え、そのつど混ぜる。

4

Aをふるい入れて混ぜ、コーンフレーク、チョコレートを加え、全体を混ぜる。

5

天板に、④を大さじ1杯位ずつ間隔をあけて並べる。

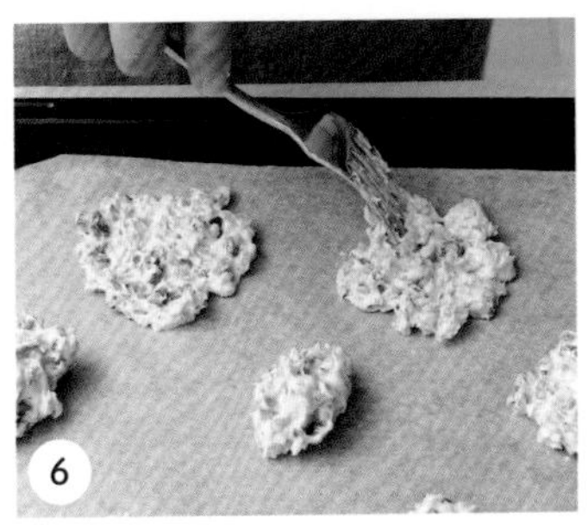
6

フォークで直径5cm位に広げ、180℃のオーブンで約5分、170℃で10〜12分、パリッと焼く。

カリカリチーズクッキー

卵のかわりに、牛乳でつくることもできます。
チョコをチーズにかえて、塩味系のおやつに!(舘野)

調理時間 15〜20分(焼く時間を除く)

保存期間 密閉容器に入れて常温で4〜5日

材料 (直径5〜6cm 20個分)

A 薄力粉 **50g**
　ベーキングパウダー **小さじ½**
バター(有塩) **50g**
砂糖 **30g**
牛乳 **40ml**
コーンフレーク **50g**
プロセスチーズ **50g**

〈準備〉
バターは室温にもどしておく。
牛乳は常温にもどしておく。
天板にクッキングシートをしく。
オーブンは180°Cに予熱する。

つくり方

❶プロセスチーズは4〜5mm角に切る。
❷ボウルにバターを入れ、ゴムべらでやわらかくねり、砂糖を加えてよく混ぜる。
❸②に牛乳の約半量を加え、Aの約半量をふるい入れ、ゴムべらで混ぜる。残りの牛乳、Aをふるい入れ、さらに混ぜる。
❹③に粗くつぶしたコーンフレークと①を加えて全体を混ぜる。
❺天板に、④を大さじ1杯位ずつ間隔をあけて並べ、フォークで直径5cm位に広げる。
❻180°Cのオーブンで約5分、160〜170°Cで15分ほどチーズが焦げないように、パリッとするまで焼く。

牛乳にすると混ぜにくくなるので、粉は2回に分けて加えて混ぜる。

不格好でも、
できたてのおいしさは格別！

ー舘野鏡子

小さいころから、母が本当によくおやつをつくってくれていましたので、手づくりのおやつは身近なものでした。食べるのも好きでしたが、つくるのも好きで、小学生のころから母に教えてもらい、妹と二人でいろいろなお菓子をつくりました。マンションの小さな台所で、母が縫った三角巾とエプロンをして、二人並んでつくったのは懐かしい思い出です。

自分でつくったおやつは、すごく愛着がわきます。たとえば、私のプリンのレシピには、バニラエッセンスが入りません。なぜなら、できあがったときの卵と牛乳の甘い香りが楽しめるから。でもその香りは1日経てば薄れてしまい、お店のプリンのように何日も香ったり、日持ちしたりはしません。保存料も安定剤も入れていないから、日持ちしないのは当たり前。けれど、少々不格好でも、できたての格別のおいしさを味わえる手づくりに、まさるものはないと思います。

おやつはわが家で大事な存在です。ないとみんなが不機嫌になるくらい（笑）。手づくりのお菓子があれば自然に家族が集まってきて、団欒の時間に。家庭のおやつは、食事の延長線上にあるものだと思っているので、余ったら翌日の朝ごはんにしたり、保存して長く楽しんだりします。私は毎日のようにおやつをつくりますが、つくる時間がないときのために、週末に少し日持ちするクッキーを焼いておきます。また、生地をこねて冷凍しておけば、平日は切って焼くだけですみます。

毎日食べても安心で、配合も使いたい食材も自由に変えられ、材料費も安くすむのが手づくりのよさ。無理せずつくり続けられるレシピを考えるのも楽しみのひとつです。気軽につくっていただきたいと思います。

母が愛用していた手づくりおやつの本（『家庭でできる和洋菓子』婦人之友社刊）。右は昭和35年発行のもの。手書きの母のメモがあり、何度もつくったことを覚えています。これも私のバイブルです。

おやつで使う道具は身近なものを。蒸しパンには、プリンカップや湯のみ、そばちょこ、シリコン製のおかずカップなど、あるものを上手に使っています。

アイスボックスのマーブルクッキー

甘さもバターもおやつ向きの配合です。
少し多めにつくって、焼く前の生地を冷凍しておくと便利ですよ。(舘野)

調理時間 30〜40分
（冷凍庫でおく時間・焼く時間を除く）

保存期間 密閉容器に入れて常温で4〜5日

材料（直径約4cm 70〜80枚分）

バニラ生地

A：薄力粉、ベーキングパウダー

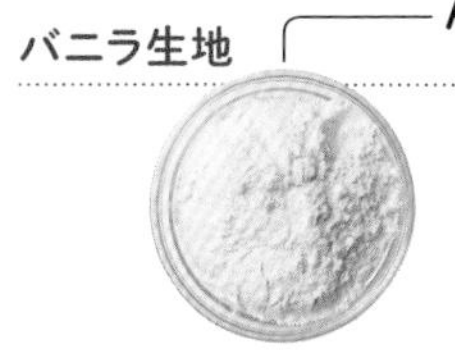

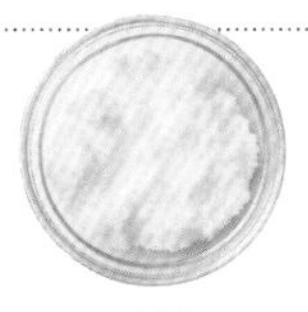
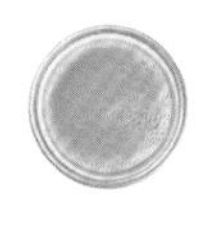

薄力粉	ベーキングパウダー	バター（有塩）	砂糖	とき卵
150g	**小さじ½**	**80g**	**70g**	**½個分**（約30g）

ココア生地

B：薄力粉、ココアパウダー、ベーキングパウダー

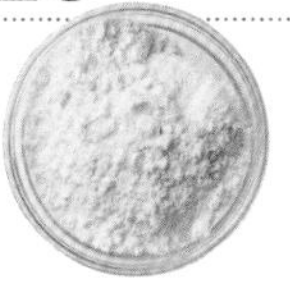

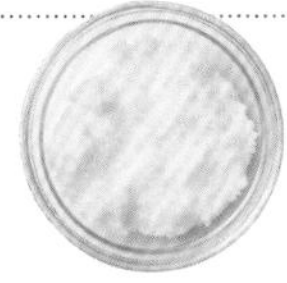

薄力粉	ココアパウダー	ベーキングパウダー	バター（有塩）	砂糖	とき卵
130g	**20g**	**小さじ½**	**80g**	**70g**	**½個分**（約30g）

〈 準備 〉

- バターは室温にもどしておく。
- 天板にクッキングシートをしく。
- オーブンは170°Cに予熱する。

〈 memo 〉

- つくり方③、④で生地が手につく場合は、打ち粉（分量外）をする。
- つくり方⑤の状態で、冷凍庫で約1カ月保存できる。常温または冷蔵庫で解凍してから、つくり方⑥に進む。

つくり方

ボウルにバターを入れ、ゴムべらでやわらかくねり、砂糖を加えて混ぜ、とき卵を2〜3回に分けて加え、そのつど混ぜる。

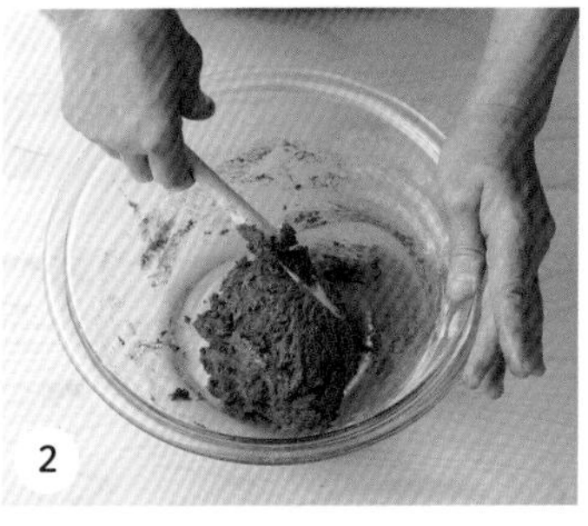

Aをふるい入れ、ゴムべらでこすりつけるように全体を混ぜ、バニラ生地をつくる。ココア生地は、AをBにかえ、同様につくる（写真）。

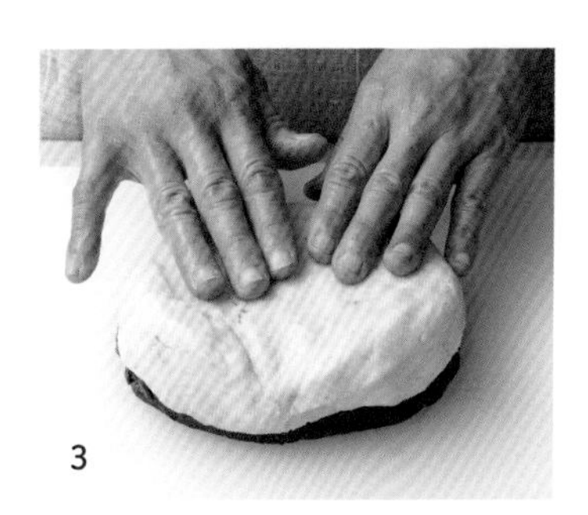

バニラ生地とココア生地をまな板に取り出し、手のひらサイズに広げてから上下に重ね、軽く押す。

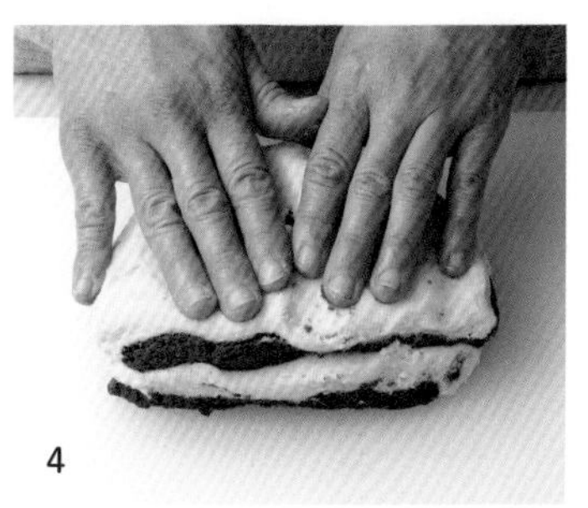

半分に切ってバニラ生地とココア生地を重ね、③と同様に手のひらサイズにのばす。これを2〜3回繰り返すとマーブル状になる。

④を3〜4等分し、転がして直径3cm、長さ25cm位の棒状にする。ラップでぴったり包み、冷凍庫で30分冷やしかためる。

ラップを外して6〜7mm幅に切り、天板に並べ、170°Cで10分ほど焼き、160°Cで約10分焼く。

おやつビスケット

おやつの定番、シンプルな「ビスケット」です。
材料を混ぜるだけ。型も使わないのですぐつくれます。（荻田）

調理時間 20分（焼く時間を除く）

保存期間 密閉容器に入れて常温で5日

材料（直径5cm 約32個分・天板2枚分）

薄力粉
150g

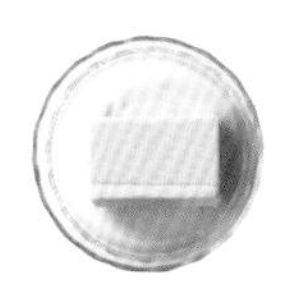
バター
100g

きび砂糖
80g

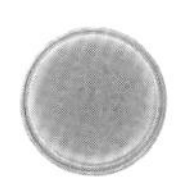
とき卵
1個分

塩
ひとつまみ

〈 準備 〉

- バターは室温にもどしておく。
- 卵は常温にもどしておく。
- 薄力粉はふるっておく。
- 天板にクッキングシートをしく。
- オーブンは150°Cに予熱する。

つくり方

1 ボウルにバターを入れてゴムべらでやわらかくし、砂糖と塩を加えてなじむまでしっかり混ぜる。

2 ①を泡立て器で白っぽくなるまで混ぜる。

3 とき卵を2～3回に分けて加え、そのつどよく混ぜ合わせる。

4 薄力粉を加え、ゴムべらでねらないように混ぜ合わせる。

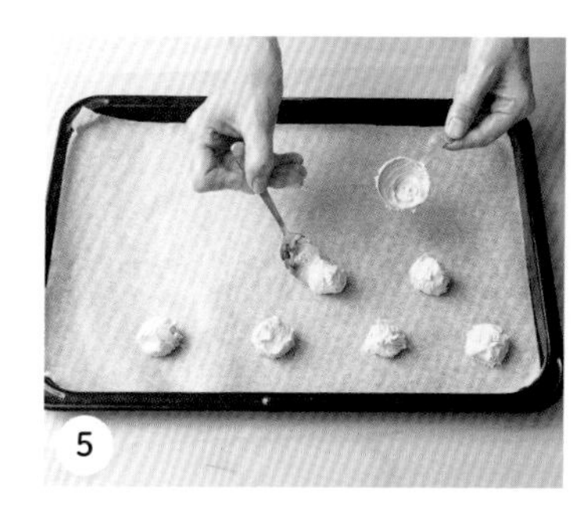
5 天板にスプーンで大さじ1位ずつ、間隔を5cmほどあけて並べる。

6 150°Cのオーブンで約20分焼き、網などにのせて冷ます。

調理時間　20分（焼く時間を除く）

保存期間　密閉容器に入れて常温で5日

〈 **準備** 〉はp17を参照

ごま入りおやつビスケット

プチプチの食感が楽しいビスケット。
黒ごまでも白ごまでもつくれます。(荻田)

材料 (直径5cm 約35個分)

おやつビスケットの材料 (p17)　**全量**
黒いりごま (または白いりごま)　**50g**

つくり方

❶おやつビスケットのつくり方 (p17) の①〜③まで同様につくる。
❷薄力粉、ごまを加えて、ゴムべらで混ぜ合わせる。
❸おやつビスケットのつくり方 (p17) の⑤、⑥と同様に焼く。

〈 memo 〉
おやつビスケットのつくり方④で生地を半分にし、白ごま、黒ごまを半量ずつ加えると、2種類のビスケットが楽しめる。

①の生地に薄力粉を加えたら、いりごまを入れる。

コーンフレーク入りおやつビスケット

ザクザクとした食感が子どもに人気のコーンフレーク入りは、
おやつにぴったり! (荻田)

材料 (直径5cm 約35個分)

おやつビスケットの材料 (p17)　**全量**
コーンフレーク　**50g**

つくり方

❶コーンフレークは、手で粗くつぶす。
❷おやつビスケットのつくり方 (p17) の①〜③まで同様につくる。
❸薄力粉、①を加えて、ゴムべらで混ぜ合わせる。
❹おやつビスケットのつくり方 (p17) の⑤、⑥と同様に焼く。

手でざっくり粗くつぶすことで、食感の違いを楽しめる。

ミックスナッツ入りおやつビスケット

ナッツの種類はお好みでOK! 大人も好きな味です。(荻田)

材料 (直径5cm 約35個分)

おやつビスケットの材料 (p17)　**全量**
ミックスナッツ
(アーモンド、マカダミアナッツ、カシューナッツ、クルミなど無塩のもの)　**50g**

つくり方

❶ミックスナッツは、包丁で粗く刻む。
❷おやつビスケットのつくり方 (p17) の①〜③まで同様につくる。
❸薄力粉、①を加えて、ゴムべらで混ぜ合わせる。
❹おやつビスケットのつくり方 (p17) の⑤、⑥と同様に焼く。

ミックスナッツはまとめて包丁で刻む。

米粉のキューブクッキー

小麦粉や卵のアレルギーがあっても食べられる米粉のクッキー。
ほろほろと口の中でくずれる食感が特徴です。(石田)

調理時間 20分（焼く時間を除く）

保存期間 密閉容器に入れて常温で2週間

材料（2cm角 20個分）

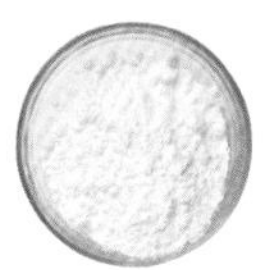
米粉
60g

バター
40g

粉砂糖
20g

きな粉
10g

牛乳
小さじ1〜2

〈 準備 〉
- バターは室温にもどしておく。
- 天板にクッキングシートをしく。
- オーブンは180℃に予熱する。

〈 memo 〉
- 米粉を薄力粉（ふるう）にかえれば、サクサクとした食感のクッキーになる。
- きな粉を抹茶3g、または黒すりごま10gにかえてもよい。

つくり方

1 バターをボウルに入れ、ゴムべらでやわらかくなるまでねる。

2 ①に粉砂糖を加えて混ぜる。

3 きな粉、米粉も加え、そのつどゴムべらで切るように混ぜる。

4 ポロポロの状態になったら、牛乳小さじ1を加え、手でまとめる。まとまらない場合は牛乳小さじ1をさらに加える。

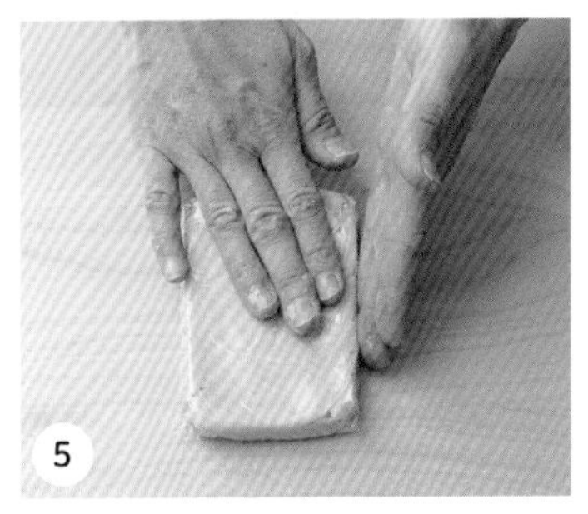
5 ひとまとめにして、ラップで包み、約8×10cmに整える（冷蔵庫で30分ほど休ませる）。

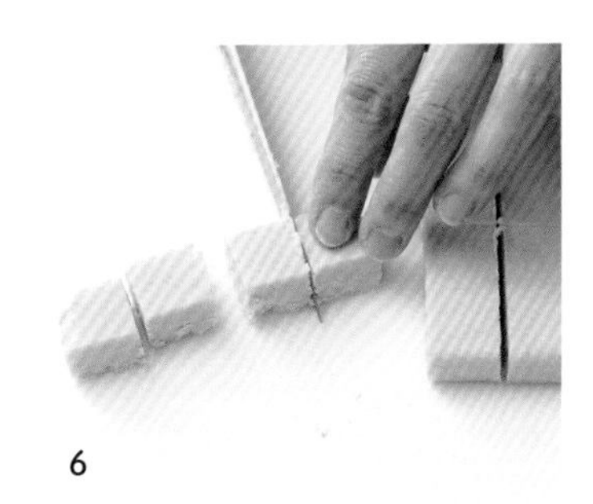
6 2cm角に切り、天板にのせて180℃のオーブンで20分ほど焼く。

アーモンド・じゃこクラッカー

じゃことアーモンドがぎっしりの香ばしいクラッカーです。
きな粉も入って栄養満点。手土産にしても喜ばれます。（舘野）

調理時間 20分（焼く時間を除く）

保存期間 密閉容器に入れて常温で4〜5日

材料（4cm角 約30枚分）

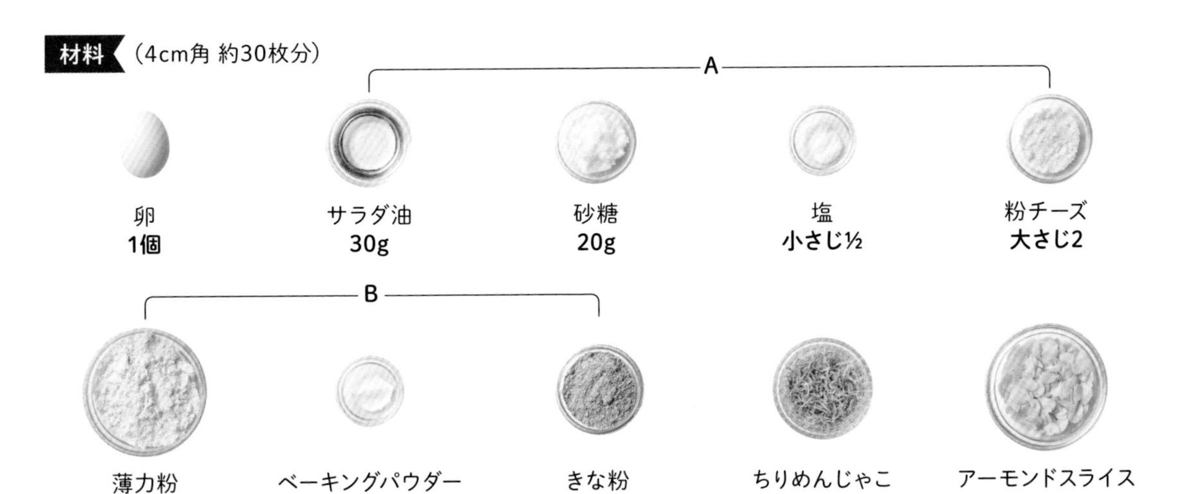

〈 準備 〉
- 天板にクッキングシートをしく。
- オーブンは150〜160℃に予熱する。

〈 memo 〉
- きな粉を使わず薄力粉100gでもよい。
- 均一に薄くのばすのがポイント。

つくり方

1 アーモンドスライスは手でにぎりつぶすようにしてくだく。

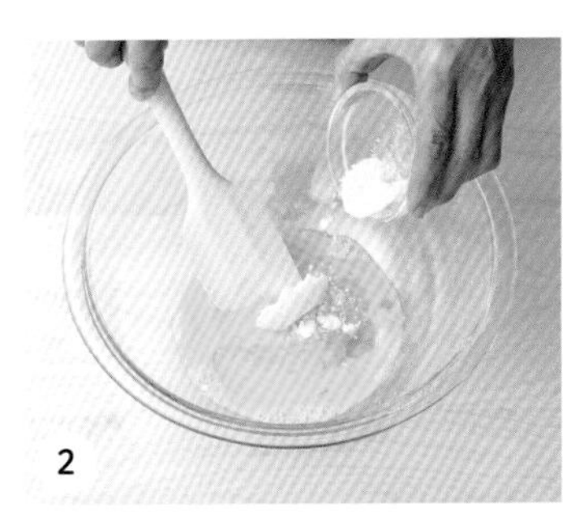

2 ボウルに卵を割りほぐし、Aを入れ、ゴムべらでよく混ぜる。

3 Bをふるい入れ、ゴムべらで全体を混ぜ、ほぼ混ざったら①とちりめんじゃこを加えて混ぜる。

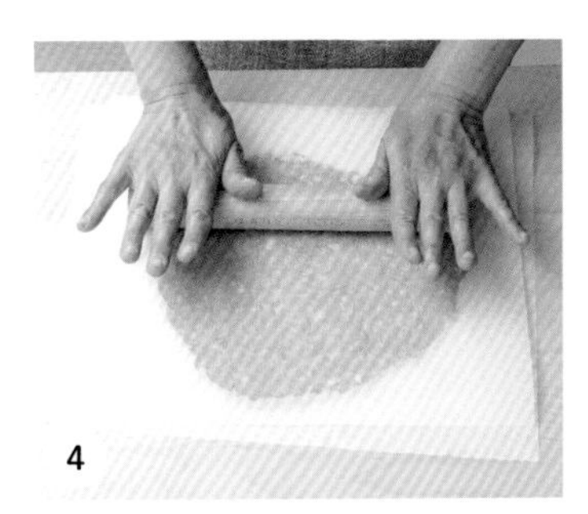

4 ③の半量をクッキングシートではさみ、めん棒で3mm厚さにのばす。残りも同様にのばす。

5 クッキングシートをそっとはがし、包丁で4cm角に切る。端の部分はまとめて、同様にする。

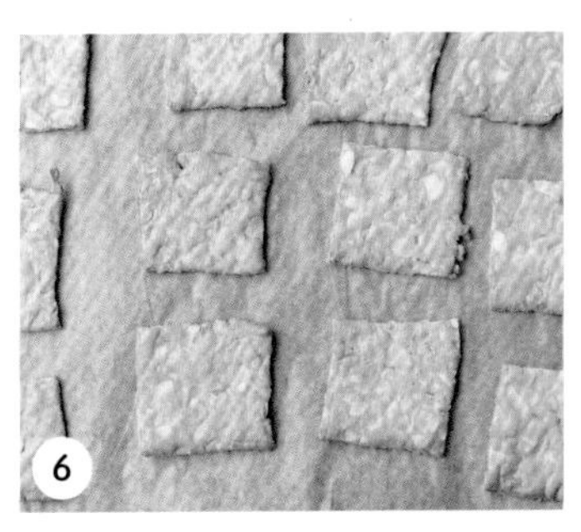

6 天板に並べ、150〜160℃のオーブンで15〜20分、焦がさないようにカリッとしっかり焼く。

イギリス風ビスケット

フライパン１つで焼きあげる、イギリス・ウェールズ地方の伝統的なお菓子。
たっぷりのバターがおいしさの秘訣です。（藤野）

調理時間 35〜40分　**保存期間** 密閉容器に入れて常温で約10日

材料 （約20個分）

A

薄力粉 **180g**

ベーキングパウダー **小さじ2**

グラニュー糖 **60g**

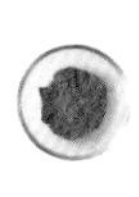

シナモン（あれば） **小さじ½**

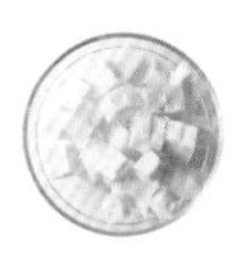

バター **90g**

レーズン **50g**

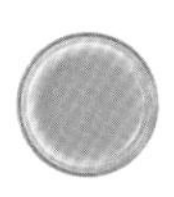

とき卵 **½個分**

牛乳 **大さじ2**

バター、グラニュー糖　**各適量**

〈 準備 〉
- バターはさいの目に切る。

〈 memo 〉
- 抜き型などで型抜きしてもよい。
- 暑い時期はつくり方③の生地を一度冷蔵庫で冷やしてから④をするとよい。
- つくり方⑤で残りの生地を焼くときは、バターを足して焼く。

つくり方

1 ボウルにAを入れ、手のひらで粉のかたまりをつぶすようによく混ぜ合わせる。

2 ①に冷たいバターを入れ、指の腹でつぶして細かくしながら混ぜ、さらさらの粉状になったらレーズンを加える。

3 ②にとき卵と牛乳を入れ、少しこねながら生地をまとめる（水分が少なければ、牛乳を少し加える）。

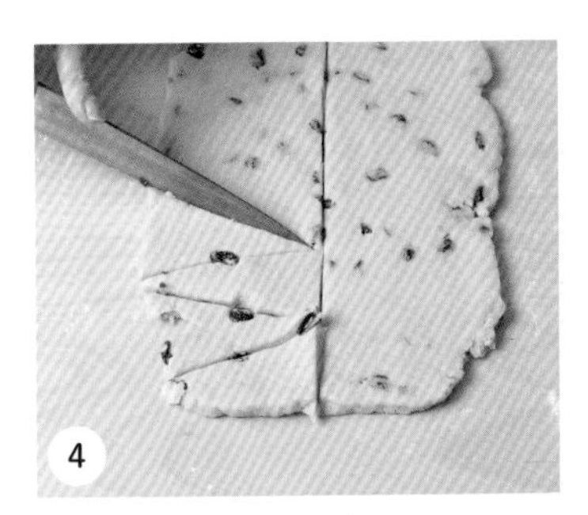

4 台に打ち粉（分量外）をして、めん棒で1cm厚さの長方形にのばし、縦半分に切ってから三角に切る。

5 フライパンにバター約大さじ1をとかし、弱火で7分ずつ両面を焼く。残りも同様に焼く。

6 バットなどにグラニュー糖を入れ、焼きあがった⑤を1つずつ入れて両面にしっかりまぶす。

ホットケーキミックスで簡単クッキー

サクサクでやさしい甘さです。ホットケーキミックスを使うので、
とっても手軽！ 子どもといっしょに型抜きしても楽しいですね。（荻田）

調理時間 20分（冷蔵庫でおく時間・焼く時間を除く）

保存期間 密閉容器に入れて常温で1週間

材料（約3cmの型 約28個分）

バター　**60g**
砂糖　**25g**
とき卵　**½個分**
ホットケーキミックス　**150g**

〈 **準備** 〉

バターは薄く切って厚手のポリ袋に入れ、室温にもどしておく。
卵は常温にもどしておく。
天板にクッキングシートをしく。
オーブンを150℃に予熱する。

つくり方

❶バターは、袋の上から押した指がすっと入るやわらかさになったら、袋の上から手でさらにやわらかくする（a）。
❷①に砂糖を加え、同様にもんで砂糖をなじませ、とき卵を2～3回に分けて加え、同様に混ぜる。
❸ホットケーキミックスも加えて同様にもんで混ぜ、全体が均一に混ざったら、めん棒で5mm厚さにのばす（b）。冷蔵庫で30分ほど休ませる（急ぐ場合は冷凍庫で10分）。
❹③の袋を切ってまな板にのせ、薄力粉（分量外）をつけた好みの型で型抜きし（c）、生地の間隔をあけて天板に並べる。残った生地はまとめてポリ袋に入れて、同様にめん棒でのばして型で抜く（生地がやわらかくなって作業がしにくい場合は冷蔵庫で冷やしかためる）。
❺150℃のオーブンで約20分焼き、網などの上で冷ます。

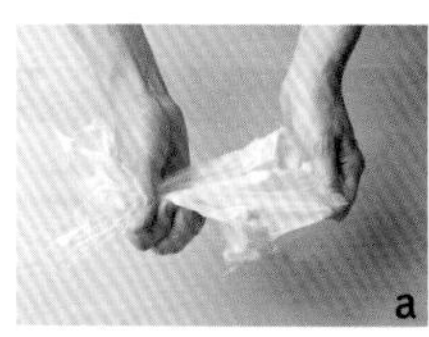
a

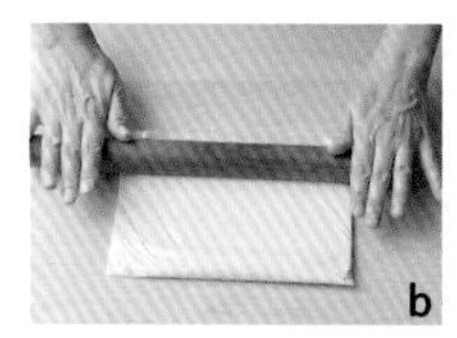
b

c

Part 2

マフィン・スコーン・カップケーキ・マドレーヌ・ブラウニー・ドーナツ

おやつの基本ともいえる、
粉ものの焼きっぱなしのお菓子は、しっとりふわふわ。
手順がシンプルなので、
はじめてでも挑戦しやすいレシピです。
つくりやすい基本のつくり方を紹介していますが、
仕上げに好みでデコレーションすると
見た目も楽しくなりますね。
手土産にも喜ばれます。

マフィン

さらりと軽い米油でつくるシンプルなマフィンです。
砂糖はこっくりした甘さのきび砂糖がおすすめ。（藤野）

調理時間 15〜20分（焼く時間を除く）

保存期間 密閉容器に入れて常温で3〜4日

材料（直径7.5cmのマフィン型 6個分）

A

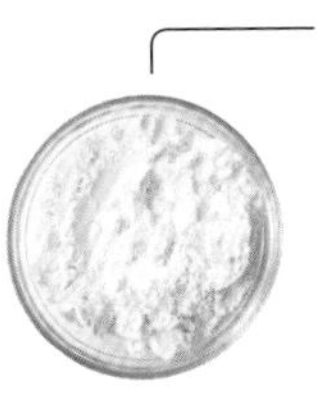

薄力粉
100g

ベーキングパウダー
小さじ1

卵
1個

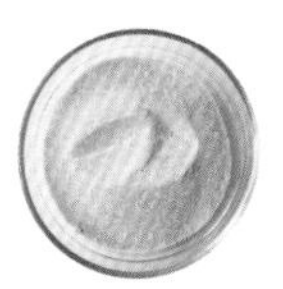

きび砂糖
70g

牛乳
大さじ2

米油
70ml

〈 準備 〉

- マフィン型にグラシンカップをしく。
- オーブンは170℃に予熱する。

つくり方

1 ボウルに卵を割り入れて泡立て器でときほぐし、砂糖を入れて混ぜ、牛乳を加えてさらに混ぜる。

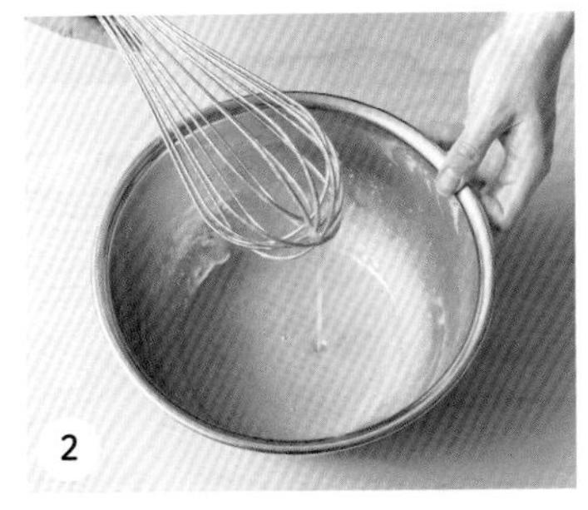

2 ①に米油を入れ、とろっとするまで混ぜ、乳化させる。

3 Aをふるい入れ、ボウルの側面にこすりつけるようにしながら、粉っぽさがなくなるまで混ぜる。

4 型に入れやすいように③を計量カップなどに入れ、6等分に流し入れる。

5 170℃のオーブンで25〜30分ほど、割れ目まできつね色になるまで焼き、網などにのせて冷ます。

アレンジ！

調理時間 25分（焼く時間を除く）　保存期間 密閉容器に入れて常温で2日

ほうれん草とクリームチーズのマフィン

クリームチーズがアクセントの“しょっぱい系”マフィン！
ほうれん草との相性もよく、青菜特有のにおいも気になりません。（藤野）

材料（直径7.5cmのマフィン型 6個分）

マフィンの材料（p29）　**全量**
ほうれん草　**3本**（ゆでて90g）
クリームチーズ　**50〜60g**
塩　**2g**

〈 準備 〉
マフィン型にグラシンカップをしく。
オーブンは170℃に予熱する。

つくり方

❶ほうれん草は、熱湯でさっとゆでて水にとり、しっかりしぼって水けをきり、細かく刻む。クリームチーズは約1cm角に切る。
❷p29の①〜③まで同様につくり、①のほうれん草を混ぜこむ。
❸計量カップなどに②を入れて型に流し入れ、①のクリームチーズをトッピングして塩をふる。
❹170℃のオーブンで30〜35分ほど焼いて、網などにのせて冷ます。

みかんのマフィン

手軽なみかんやバナナ、ベリー類のほか、
ナッツやチョコなどもよく合います。（藤野）

材料（直径7.5cmのマフィン型 6個分）

マフィンの材料（p29）　**全量**
みかん　**2個**（120g）

〈 準備 〉
マフィン型にグラシンカップをしく。
オーブンは170℃に予熱する。

つくり方

❶みかんは、皮をむいて半分に分け、横半分に切ってから1〜2房ずつに分ける。
❷p29の①〜③まで同様につくり、①の半量を混ぜこむ。
❸計量カップなどに②を入れて型に流し入れ、残りのみかんをトッピングする。
❹170℃のオーブンで30〜35分ほど焼いて、網などにのせて冷ます。

家でつくるお菓子は、気取らないやさしい味
ー藤野貴子

父はフレンチシェフ、母は料理研究家という料理人一家で育ったので、おやつも一般的な家庭に比べると、少し偏っていたように思います(笑)。母がつくる“ザ・家庭菓子”みたいなものか、父が持って帰ってくる“特上品”のようなものかの二極化で、市販のスナック菓子などは、あまり食べたことはありませんでした。そのおかげで、さっとつくる家庭のお菓子のおいしさも、ケーキ屋で買ったようなキラキラしたお菓子の魅力も、どちらのよさも知ることができました。6歳ごろから母が出版したおやつの本を見て、友だちといっしょにつくったり、4年生のころには父のお店のお菓子づくりを手伝ったりと、お菓子づくりの奥深さと楽しさに夢中になり、そのまま菓子研究家になりました。

母がつくってくれたオレンジケーキやコーンブレッド、バナナのシフォンケーキなどのお菓子もそうでしたが、家庭で食べるのは、気取らないやさしいお菓子がほとんどです。特別ではないホッとするような母のお菓子は、食事と変わらない日常の1品でした。

家でつくるお菓子は素朴なものでよく、頑張ってたくさんのレパートリーを増やす必要もないと思いますし、毎回厳密にレシピ通りでなくてもよいと思っています。たとえば、ホットケーキやマフィンなど数種類、自分が上手につくれる、得意なおやつを見つけておき、そのとき家にある具材を加えたり、飽きたときにはちょっと違った形にしたり、仕上げにトッピングをしたりと、アレンジできることが大切です。そのためには、つくり慣れておくことが大事ですが、自由な発想と身近にあるもので気軽につくれることが、手づくりの醍醐味だと思います。そうしてつくり続けるうちに家族の好みの味になりますし、それがお菓子づくりが上達する近道だと思います。

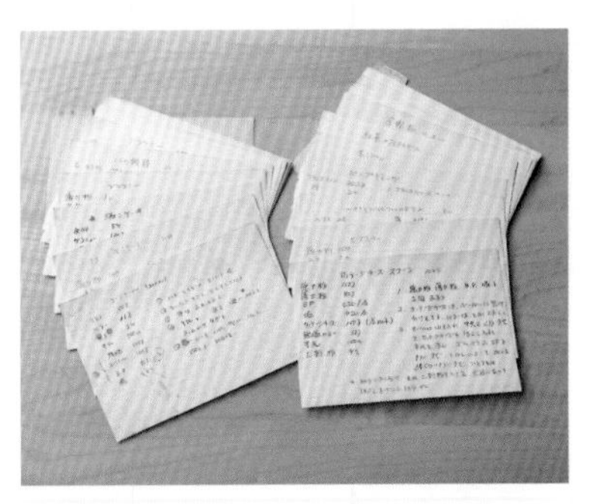

母が昔から書きためていたレシピカード。子どものころから、このレシピカードをひっぱり出して、お菓子をつくっていました。

平成6年に出版された母の著書。ストローの中に寒天ジュースを入れる寒天ゼリーは、よくつくった記憶があります。

米粉のミニチョコマフィン

薄力粉でつくるのとは違い、混ぜすぎても大丈夫！
焼き立てがおいしい、ひと口サイズの見た目もかわいいマフィン。（石田）

調理時間 20分（焼く時間を除く）　**保存期間** 密閉容器に入れて常温で2日

材料（直径約5cmミニマフィン型 12個分）

A

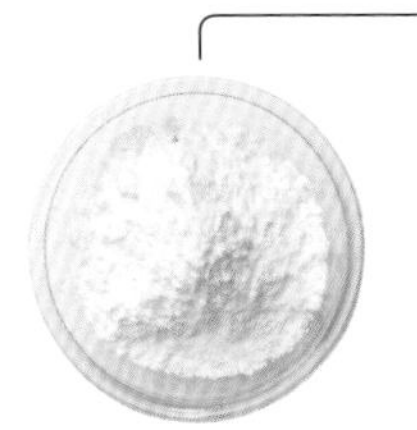
米粉
130g

ココアパウダー
15g

ベーキングパウダー
小さじ1

卵
1個

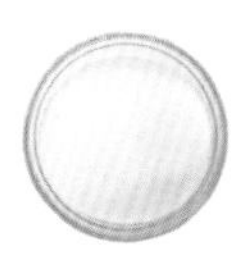
グラニュー糖
70g

塩
ひとつまみ

牛乳
60ml

菜種油
（または米油、太白ごま油）
80g

チョコチップ
50g

〈 準備 〉
- Aはふるっておく。
- マフィン型にグラシンカップをしく。
- オーブンは170℃に予熱する。

〈 memo 〉
- 米粉を薄力粉にかえてもおいしい。
その場合、つくり方②で混ぜすぎないよう注意する。
- 直径7cmのマフィン型やアルミカップなどで焼くときは、25分位焼く。

つくり方

1
ボウルに卵を割り入れほぐしたら、グラニュー糖と塩を入れて泡立て器で混ぜ、牛乳を加えてよく混ぜ、最後に油を加えて、とろりとするまで混ぜる。

2
①にふるったAを加え、泡立て器で粉けがなくなるまで混ぜ、チョコチップを加えて、ゴムべらで軽く混ぜ合わせる。

3
スプーンなどで、型に均等に入れる。170℃のオーブンで約15分焼く。

p110のグラノーラのほか、ナッツやドライフルーツをのせたり混ぜたりして焼いてもよい。

ヨーグルトスコーン

フライパンでふっくら、こんがり！　オーブンいらずで、とっても手軽につくれます。
週に１度は子どもからのリクエストが入るほど、軽くていくらでも食べられるスコーンです。
中にチーズを入れたり、ハムやウインナー、クリームチーズと合わせても。（舘野）

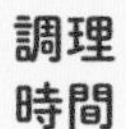

調理時間 15分　**保存期間** 密閉容器に入れて常温で2〜3日

材料（直径6〜7cm 約10個分）

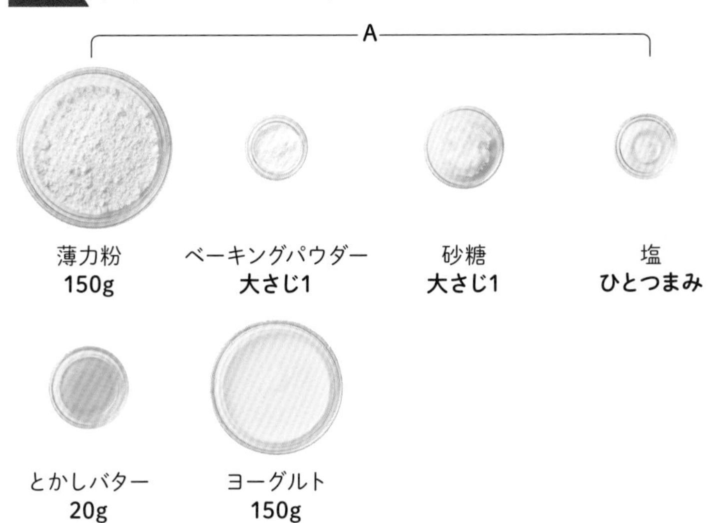

好みのジャム　**適量**

つくり方

ボウルにAをふるい入れ、中央をくぼませる。

①のくぼみに冷たいヨーグルトを入れ、その上にとかしバターを加える。

バターが少しかたまり、粒状になったら、ゴムべらで粉を少しずつくずしながら全体を混ぜる。

ゴムべらで10等分し、指先で軽く丸めながら、温めていないフライパン（26〜28cm）に並べる。

ふたをして強火で約30秒加熱し、弱〜中火にして4〜5分焼く。ひっくり返し、ふたをして3〜4分焼く。

ふたを取り、1分位焼いて水分をとばし、こんがり焼きあげる。ジャムなどを添えていただく。

スプーンバナナドーナツ／アメリカンドッグ

揚げるととろりとするバナナ入りドーナツと、みんなが大好きなアメリカンドッグです。
揚げたてのアツアツは格別ですが、冷めてもおいしくいただけます。（舘野）

調理時間 20分　**保存期間** 密閉容器に入れて常温で翌日まで

材料（バナナドーナツ 10〜15個分、またはアメリカンドッグ 約10本分）

A

薄力粉
100g

ベーキングパウダー
小さじ1

卵
1個

砂糖
30g

塩
ひとつまみ

牛乳
40〜50ml

バナナ（2cm厚さに切る）
2〜3本

または

ウインナー
10本

揚げ油、トマトケチャップ　**適量**

〈 memo 〉

バナナを焦がさないために、肌をかくすように衣をしっかりつける。

つくり方

1

ボウルに卵を割りほぐし、砂糖、塩、牛乳を加え、泡立て器で混ぜる。

2

Aをふるい入れ、ぐるぐる混ぜる。フライパンに2cm深さの油を入れ、170°Cに熱する。

〈バナナ 1〉バナナを2cm幅に切り、②の生地に入れる。

〈バナナ 2〉スプーンで生地をたっぷりからめながら1つずつ油に落とし、ときどき返しながら3〜4分揚げる。

〈アメリカンドッグ〉ウインナーに竹串を刺し、②の生地をからませて油に入れ、菜箸で回転させながら3〜4分揚げる。

カップケーキ

材料を混ぜたら、最後にとかしバターで風味をつけます。
基本のカップケーキなので、中に好みのジャムを入れたり、
上に生クリームなどをのせて、アレンジを楽しむこともできます。（荻田）

調理時間 15分（焼く時間を除く）

保存期間 密閉容器に入れて常温で3日

材料（底辺直径4.5×高さ4cmのカップ 7個分）

薄力粉
120g

ベーキングパウダー
小さじ½

卵
2個

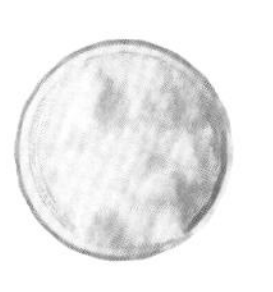

砂糖
80g

牛乳
大さじ2

とかしバター
80g

〈 準備 〉
- 薄力粉とベーキングパウダーは合わせてふるっておく。
- オーブンは180℃に予熱する。

つくり方

1 ボウルに卵を割り入れ、泡立て器で卵白が見えなくなるまでほぐす。

2 ①に砂糖を入れ、とけるまでよく混ぜる。牛乳を一度に入れて混ぜる。

3 ②のボウルにふるった薄力粉とベーキングパウダーを一度に加える。

4 泡立て器で、粉が見えなくなるまで円をかくように混ぜる。

5 ④にバターを加え、バターが見えなくなるまで同様に混ぜる。

6 カップの7～8分目まで流し入れ、180℃のオーブンで20～25分焼く。

レモンマドレーヌ

とかしバターで気軽につくれるマドレーヌです。
レモンのかわりにシナモンやバニラでつくってもOK！
アイシングすれば、見た目もぐんとかわいくなります。（舘野）

調理時間 20分
（休ませる時間・焼く時間を除く）

保存期間 密閉容器に入れて常温で3〜4日

材料（直径7×高さ2cmのアルミカップ菊型 10個分）

A

薄力粉
100g

砂糖
80g

ベーキングパウダー
小さじ1

卵
2個

はちみつ
（または砂糖）
10g

とかしバター
80g

レモンアイシング

レモン **½個**
（レモン汁小さじ1と皮全量は生地に使う）

レモン汁
小さじ1位

粉砂糖
30g

アラザン　**適量**

〈 準備 〉
- オーブンは200°Cに予熱する。

〈 memo 〉
- レモンはできれば国産を使う。
- レモンアイシングをかけるときは、マドレーヌの表面が熱くてもOK。

つくり方

1 ボウルにAをふるい入れる。

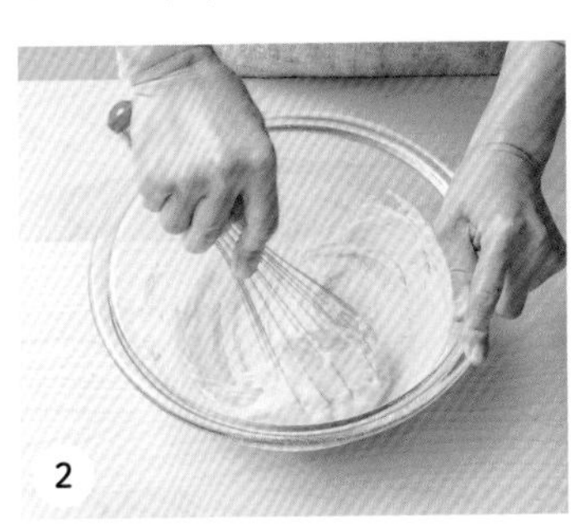
2 卵を割り入れてはちみつを加え、泡立て器でぐるぐる混ぜる。

3 とかしバター、レモン汁、レモンの皮のすりおろしを加え、ぐるぐる混ぜる。ラップして30分休ませる。（膨らみを均一にするため）

4 型に生地を7〜8分目まで入れ、200°Cのオーブンで5分、180°Cで8〜10分焼く。

5 レモンアイシングをつくる。レモン汁と粉砂糖を混ぜ合わせ、小さめのポリ袋に入れて端を切る。

6 マドレーヌの表面に細くアイシングをしぼり、好みでアラザンをちらす。

ブラウニー

ぐるぐると混ぜて焼くだけなので、初めてでも失敗しません。
ほんのり温かいうちに食べてもおいしいですよ。(舘野)

調理時間 10分（焼く時間を除く）

保存期間 密閉容器に入れて常温で3～4日

材料（20×25cmのバット 1台分）

A

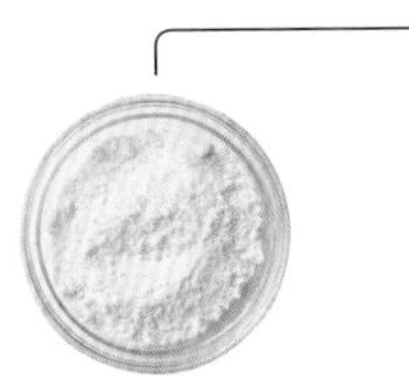
薄力粉
80g

ココアパウダー
30g

ベーキングパウダー
小さじ1

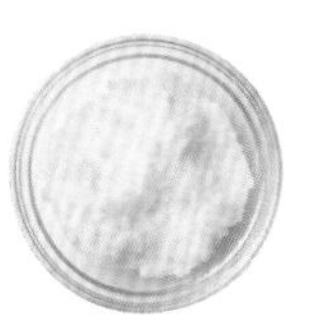
砂糖
80g

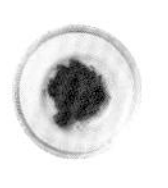
シナモンパウダー
（好みで）
少々

卵
1個

牛乳
100ml

サラダ油
40ml

くるみ
50g

〈 **準備** 〉
- バットにクッキングシートをしく。
- オーブンは190℃に予熱する。

つくり方

1

くるみは粗く刻む。

2

ボウルにAをふるい入れ、中央をくぼませる。

3

くぼみに卵を割り入れ、牛乳とサラダ油を加え、泡立て器でよく混ぜる。

4

バットに③を平らに流し入れ、くるみをまんべんなくちらす。

5

オーブンに入れ、190℃で約15分焼く。

レーズンブラウニー

牛乳を豆乳にしても同じようにつくれます。
トッピングをレーズンにすれば、違った食感を楽しめます。(舘野)

調理時間 10分(焼く時間を除く)

保存期間 密閉容器に入れて常温で3〜4日

材料 (20×25cmのバット 1台分)

A 薄力粉 **80g**
ココアパウダー **30g**
ベーキングパウダー **小さじ1**
砂糖 **80g**
シナモンパウダー(好みで) **少々**

卵 **1個**
豆乳 **100ml**
サラダ油 **40ml**
レーズン **20g**

〈準備〉
バットにクッキングシートをしく。
オーブンは190℃に予熱する。

つくり方

❶ボウルにAをふるい入れ、中央をくぼませる。
❷くぼみに卵を割り入れ、豆乳とサラダ油を加えてよく混ぜる。
❸バットに②を平らに流し入れ、レーズンをまんべんなくちらす。
❹オーブンに入れ、190℃で約15分焼く。

レーズンのほかにドライイチジクなど好みのドライフルーツや、甘納豆などを入れてもOK。

Part 3

パンケーキ・ケーキ

おやつの不動の人気といえば、やはりパンケーキ！
バターを添えたり、はちみつをたらして、
口いっぱい頬張りたいものです。
中に、かぼちゃやにんじんを加えれば栄養満点！
ほかにもふっくらカステラやフレッシュなりんごを使ったケーキ、
オレンジ果汁たっぷりのオレンジケーキなど
香ばしい香りがキッチンに広がる、
とっておきのおやつを紹介します。

かぼちゃのパンケーキ

ほんのりかぼちゃの甘みを感じるパンケーキ。
おやつで野菜もとれるのは、栄養面からもうれしいですね。(荻田)

調理時間 35分　**保存期間** 1枚ずつラップに包み、冷蔵庫で2日

材料（直径10cm 約5枚分）

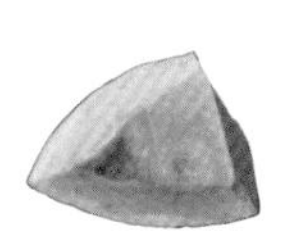
かぼちゃ（種とワタを取ったもの） **100g**

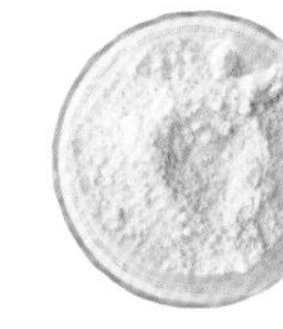
薄力粉 **80g**

ベーキングパウダー **小さじ2**

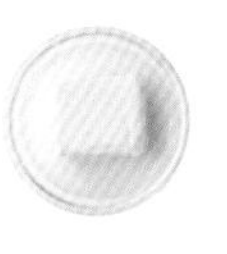
バター **15g**

砂糖 **20〜30g**

卵 **1個**

牛乳 **100ml**

サラダ油　**適量**

〈 memo 〉
- 砂糖はかぼちゃの甘さで加減する。
- かぼちゃの種類によって、生地がかたければ牛乳をさらに20mlほど加えてもよい。
- ⑤でフッ素樹脂加工のフライパンは油をひかなくてもOK。
- 食べるときに、バターやはちみつをかけても。

つくり方

1 かぼちゃはラップで包み、電子レンジ（600W）で2分加熱し、皮までやわらかくしたらボウルに入れ、泡立て器でつぶす。

2 ①にバターを入れ、とけるまで混ぜる。

3 ②に砂糖、卵、牛乳の順に加え、そのつどよく混ぜる。

4 ③に薄力粉とベーキングパウダーを合わせてふるい入れ、泡立て器で混ぜる。

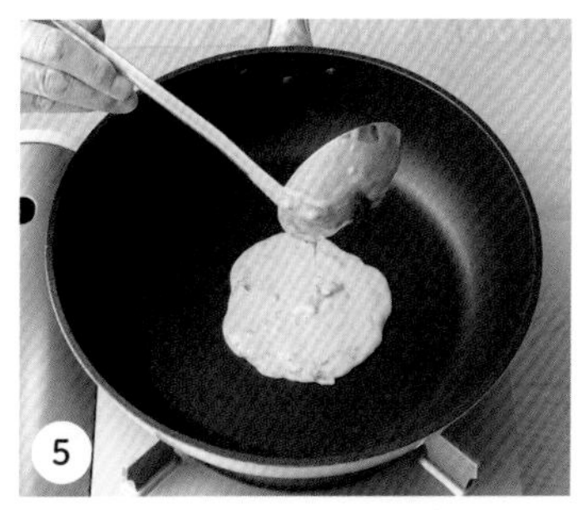
5 温めたフライパンを一度ぬれ布巾の上にのせて温度を落とし、薄く油をぬり、④をおたま1杯分流し、強めの弱火にかける。

6 約3分焼き、表面がプツプツしてきたらひっくり返して、裏面も2分ほど焼く。残りの生地も、⑤⑥の手順で焼く。

アレンジ！

にんじんのパンケーキ

すりおろしたにんじんでもつくれます。
バターをサラダ油にすれば、あっさりとしたパンケーキに！（荻田）

調理時間 35分

保存期間 1枚ずつラップに包み、冷蔵庫で2日

材料（直径10cm 約5枚分）

にんじん **100g**
薄力粉 **120g**
ベーキングパウダー **小さじ2**
サラダ油（または太白ごま油） **15g**
砂糖 **30g**
卵 **1個**
牛乳 **100ml**
サラダ油 **適量**

つくり方

❶にんじんはよく洗い、おろし器で皮ごとすりおろす。
❷ボウルに①を入れて、サラダ油を加えて泡立て器で混ぜる。
❸かぼちゃのホットケーキのつくり方（p47）の③〜⑥と同様につくる。

にんじんは皮ごとすりおろすことで、皮の栄養もしっかりとれる。

野菜メインの短時間でつくるおやつがわが家の定番

一荻田尚子

お菓子を食べるのが好きだったこともあり、小学生のころから自分でよくつくっていました。初めてつくったのはチーズケーキでしたが、叔母に教えてもらったボックスカステラ（p56）は数え切れないほどつくりました。当時は、家族の人数も多かったので、卵8個分のレシピでつくっていましたが、改良して今は半分の4個分がちょうどいい分量です。家庭のおやつは、時代に合わせて変えていけるのもよいところです。

ボックスカステラには、もう一つ思い出があります。息子が1歳のころ、食べさせたら湿疹が出てしまいました。慌てて検査すると、卵と小麦、ごまなどのアレルギーがあるとのこと。その後、食生活にはかなり気をつかい、3回の食事はもちろんですが、市販のお菓子には卵が入っていることが多いので、さつま芋をふかしたり、小松菜とりんごをジュースにして飲ませたり、限られた食材の中で毎日のおやつを試行錯誤しました。重宝したのが、さつま芋。食物繊維もたっぷりで、芋だけでも甘みがあるので、そのまま焼き芋にしたり、少量の小麦粉を加えて“鬼まんじゅう”にしたりと、何度つくったことでしょう。

子どもが小学生になり、お友だちが遊びに来ると、常備しているじゃが芋をさっと揚げて、ポテトチップスに。帰ってくる直前からつくり始めていたので、手軽につくれるものばかりでしたが、いつも喜んでくれました。

中学生になるころにはアレルギーもなくなり、シフォンケーキやクッキーなど、つくれる種類も増えて楽しめるようになりました。思い返せば、私のおやつづくりは、常に子どもと共にあったように思います。野菜メインの、短時間でつくれるおやつがわが家の定番。時代もそうですが、家庭によって変えられるのも手づくりならではです。

叔母からもらったボックスカステラのレシピは、今も大切にとってあります。新聞紙の型も、もう何年も同じものを使い続けています。試作用のノートもお菓子づくりに欠かせません。

お菓子づくりに必要な型もたくさん。息子によくつくったシフォンケーキの型やクッキーの型のほか、母にもらった花形の型もとってあります。

ふわふわパンケーキ

ホットケーキミックスにヨーグルトを加えて、
独特の風味を抑えます。
卵を入れず、焼きあがりはふんわり～！（舘野）

調理時間 40分　保存期間 1枚ずつラップに包み、冷蔵庫で2日

材料（直径10〜12cm 6〜7枚分）

ホットケーキミックス **200g**

牛乳 **110〜120ml**

ヨーグルト **110〜120g**

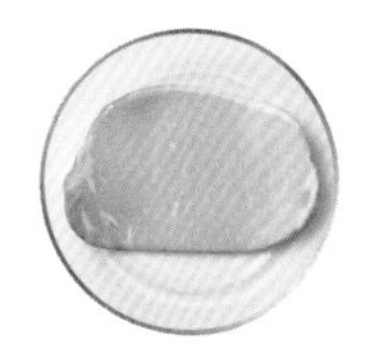
ハム **適量**

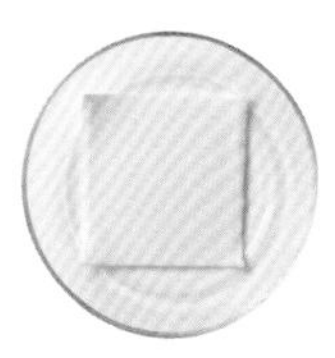
スライスチーズ **適量**

サラダ油　**少々**

〈 memo 〉

- 牛乳とヨーグルトの量は好みに加減して。
水分を少なめにすると、かための生地になり、厚めにしっかりと焼きあがる。
多めにするとやわらかめの生地になり、薄めでやわらかく仕上がる。
- はちみつやバターのほか、ハムとスライスチーズをはさむのもおすすめ。

つくり方

1 ボウルにホットケーキミックスを入れ、牛乳、ヨーグルトを加えて泡立て器でしっかり混ぜる。

2 フライパンを熱し、キッチンペーパーでサラダ油を薄くぬる。

3 ①をおたま1杯取り、フライパンに丸く流し入れ、弱火で3〜4分焼く。

4 表面にポツポツと穴が出てくるまで焼く。

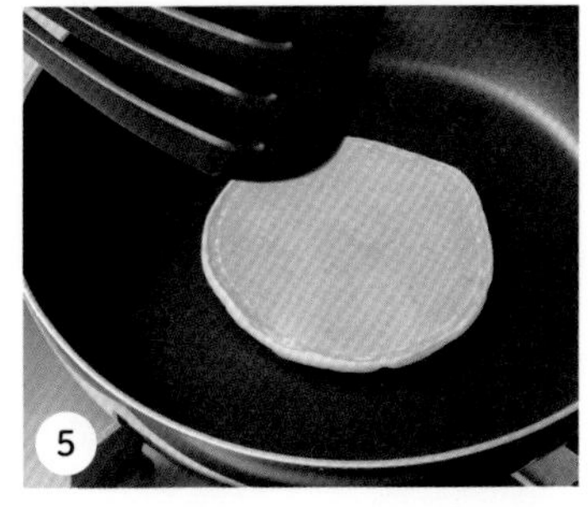
5 穴が出てきたら、フライ返しで裏返し、同様に焼く。残りの生地も、③〜⑤の手順で焼く。

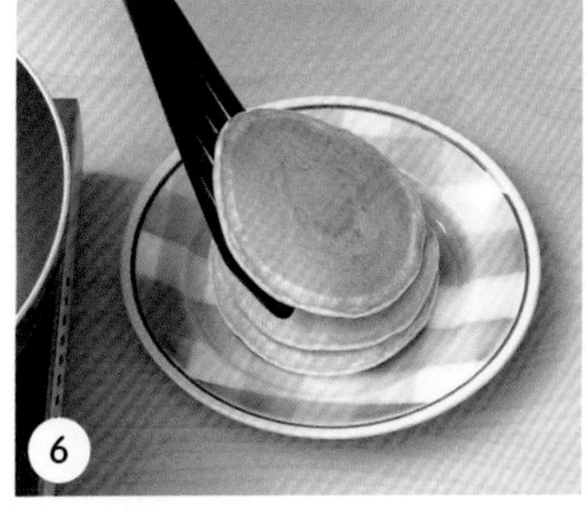
6 皿にパンケーキをすべて重ねて盛りつける。こうすると冷めにくい。間に、ハムやスライスチーズをはさむとよい。取り分けていただく。

オレンジケーキ

たっぷりのオレンジ果汁がしみこんだスポンジが好きでよくつくります。
果汁はジュースでも代用できますが、
香りも味もフレッシュのほうが断然おいしいですよ。（藤野）

調理時間 30分（焼く時間・なじませる時間を除く）

保存期間 密閉容器に入れて涼しいところで2日

材料（15×20×高さ4cmの耐熱容器 1台分）

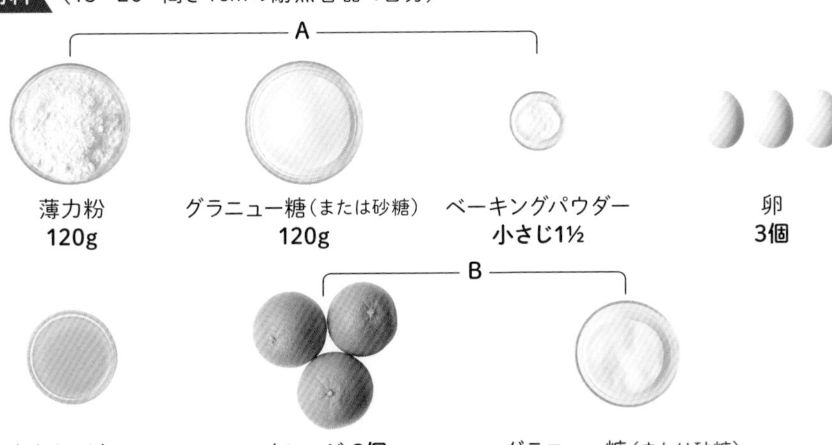

A
- 薄力粉 **120g**
- グラニュー糖（または砂糖） **120g**
- ベーキングパウダー **小さじ1½**

- 卵 **3個**
- とかしバター **50g**

B
- オレンジ **3個**（皮1個分と果汁大さじ2は生地に使う。残りの果汁は、ひたすときに使う）
- グラニュー糖（または砂糖） **50g**

〈 準備 〉
- 耐熱容器にバター（分量外）をぬり、粉（分量外）をふっておく。
- オーブンは170℃に予熱する。

〈 memo 〉
- 果汁のかわりにジュース約1カップでも。
- スポンジに果汁をしみこませた後、冷めてから切り分ける。
- オレンジはできれば国産のものを使う。

つくり方

1 Bのオレンジ1個分の皮の表面を軽く削る。

2 ①のオレンジも含めて3個分のオレンジを半分に切り、しぼり器などでしぼる。しぼりかすもとっておく。

3 ボウルにAをふるい入れ、①を加える。卵を割り入れて泡立て器で混ぜ、オレンジ果汁大さじ2と②のしぼりかすも入れて混ぜ合わせる。

4 とかしバターを加えて混ぜ合わせ、容器に流し入れ、170℃のオーブンで約45分焼く。Bの残りの果汁とグラニュー糖を鍋に入れて軽く温める。

5 焼きあがったスポンジの粗熱が取れたら容器から取り出す。④の果汁の半量を容器に入れ、スポンジをもどしてひたす。

6 残りの果汁を上からかける。30分ほどなじませる。

りんごのポロポロケーキ

タルト台の上に生のりんごをのせ、クランブルをたっぷりかけて焼きます。
ポロポロ（クランブル）に、アーモンドパウダーを入れたり、
レーズンを混ぜるのもおすすめです。（荻田）

調理時間 20分（焼く時間を除く）　**保存期間** 密閉容器に入れて冷蔵庫で3日

材料（直径21cmタルト型 1台分）

A

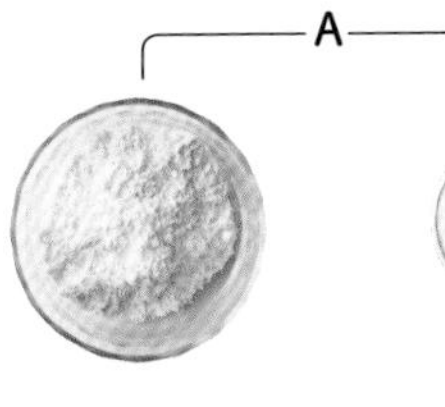

薄力粉
50g

砂糖
10g

B

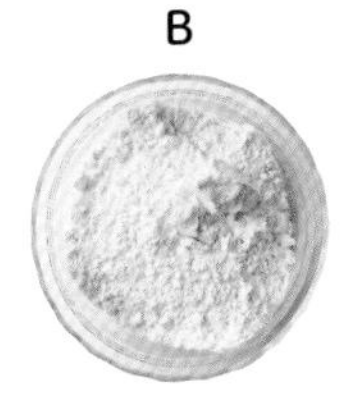

薄力粉
120g

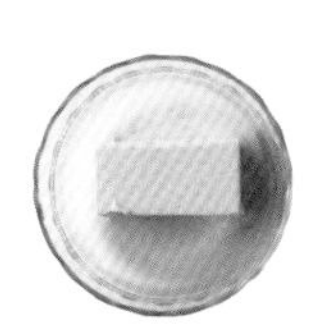

バター
90g

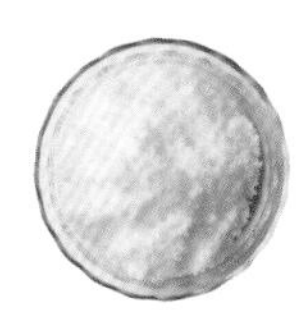

砂糖
70g

卵黄
1個分

りんご（大）
1個（350g）

〈 準備 〉
- バターは室温にもどしておく。
- オーブンは180℃に予熱する。

〈 memo 〉
- 焼き終わって、粗熱が取れたら型から外す。

つくり方

1 ボウルにバターを入れてゴムべらでクリーム状にし、砂糖を加えてなじませ、泡立て器で白っぽくなるまで混ぜる。

2 ①に卵黄を加え、さらに混ぜ合わせる。

3 別のボウルに②を50g取り分け、Aを加えてゴムべらで切るように混ぜてポロポロの状態にし、冷蔵庫で5分以上おく。

4 残りの②にBを加えて同様に混ぜ、ポロポロの状態になったら型に広げ、手で型の底と側面にしきつめ、冷蔵庫に入れる。

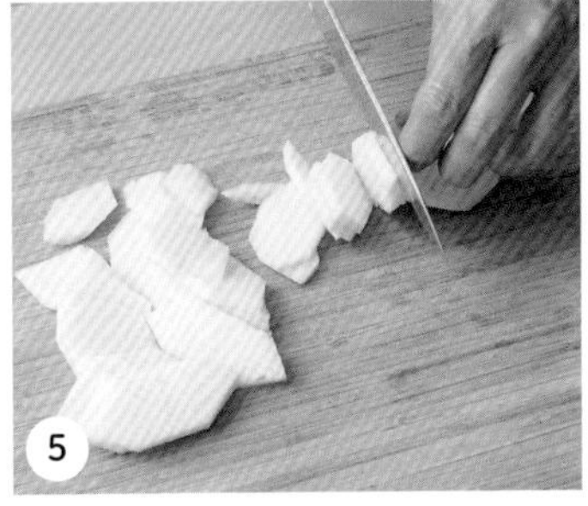

5 りんごは縦4つ割りにして皮と芯を取りのぞき、2〜3mm厚さのいちょう切りにする。

6 ④を冷蔵庫から出して⑤を広げ、上に③をまんべんなくのせ、180℃のオーブンで35〜40分、きつね色になるまで焼き、型ごと冷ます。

ボックスカステラ

30年以上つくり続けているやさしい甘さのカステラです。
ふわふわでしっとりとした口あたり。大きく切って召しあがってください。（荻田）

調理時間 20分（焼く時間を除く）

保存期間 密閉容器に入れて常温で5日、冷蔵庫で1週間

材料（17cm角×高さ8cmの新聞紙の型 1台分） ＊新聞紙の型のつくり方はp111

強力粉 **120g**

牛乳 **50ml**

はちみつ **大さじ2**

卵 **4個**

砂糖 **120g**

サラダ油（または太白ごま油） **大さじ2**

〈 準備 〉

- 新聞紙の型にクッキングシートをしく。
- 砂糖はふるっておく。
- 卵は、卵白と卵黄に分ける。
- オーブンは180℃に予熱する。

つくり方

1 耐熱容器に牛乳とはちみつを入れ、電子レンジ（600w）で30秒加熱して温め、混ぜてはちみつをとかす。

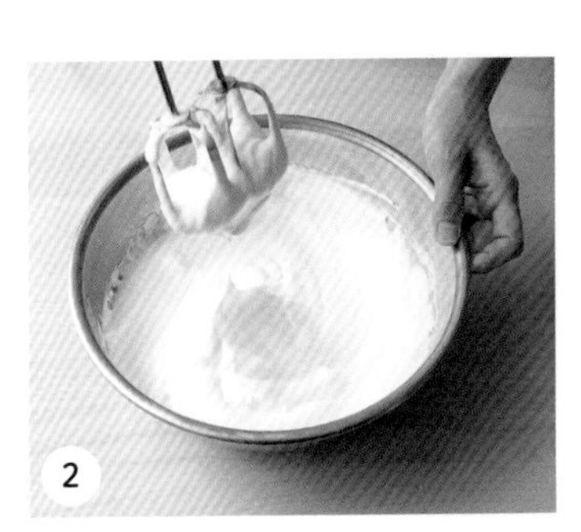
2 ボウルに卵白を入れ、砂糖を3回に分けて加えながらハンドミキサーで泡立て、つのがピンと立つくらいのかたいメレンゲをつくる。

3 ②に卵黄を入れ、泡立て器でさっと混ぜる。①を少しずつ加えながら泡立て器で混ぜる。

4 強力粉をふるいながら加え、ゴムべらで切るように混ぜ、サラダ油を加えて油が見えなくなるまでさらに混ぜる。

5 型に流し入れ、180℃のオーブンで約20分、その後150℃に落として約30分焼く。途中で表面の焼き色がつきすぎたらアルミホイルで覆う。

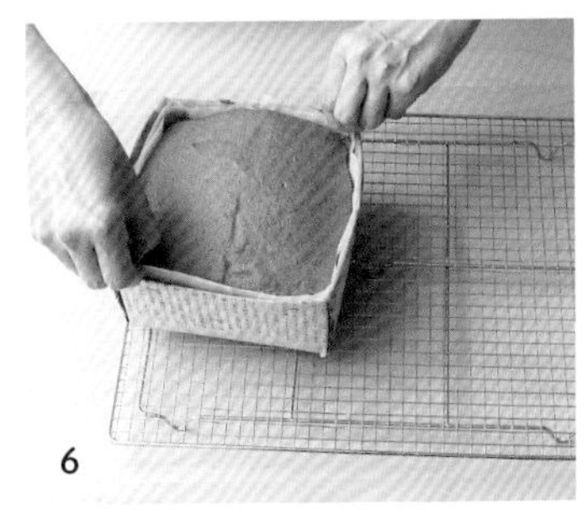
6 焼きあがったら、新聞紙の型からクッキングシートごと外し、網などの上で冷ます。

バナナケーキ

バナナのしっとり感とさっぱりとした甘みが特徴のケーキ。
配合もつくり方もシンプルで、材料を混ぜて焼くだけです。（小野）

調理時間　10分（焼く時間を除く）
保存期間　密閉容器などに入れて常温で2日

材料（23×9.5×高さ8cmのパウンド型 1本分）

薄力粉　**200g**
ベーキングパウダー　**小さじ2**
バナナ（完熟）　**2本**
サラダ油　**100ml**
三温糖（またはきび糖）　**100g**
卵　**2個**

〈準備〉
薄力粉とベーキングパウダーを合わせてふるう。
型にクッキングシートをしく。
オーブンを180℃に予熱する。

つくり方

❶ボウルにサラダ油と三温糖を入れて混ぜ合わせ、卵を割り入れてさらに混ぜる。
❷①にバナナを入れて、泡立て器で粗くつぶし、ふるっておいた薄力粉とベーキングパウダーを加えてさっくりと混ぜる。
❸②の生地を型に流し入れ、180℃のオーブンで約45分焼く。焼きあがったら、網などにのせて冷ます。

バナナは大きなかたまりがなくなる程度につぶす。

Part 4

冷たいおやつ

暑い時期になると出番の多くなるひんやり冷たいデザート。
プルプルの口あたりがたまらないゼリーや寒天のほか、
シャリシャリの食感が楽しいシャーベット、
家族みんなが大好きなプリンなど、
夏の暑さをやわらげてくれる、涼しげなおやつをどうぞ。

フルーツいれこ寒

つくるのも見るのもかわいい夏のおやつ。
丸やハートの型にしてもOKです！　子どもといっしょにつくるのも楽しいですよ。（舘野）

調理時間 約30分（冷やす時間を除く）

保存期間 密閉容器に入れて冷蔵庫で3〜4日

材料（12×16cmのバットまたは寒天型2枚 24個分）

A オレンジ

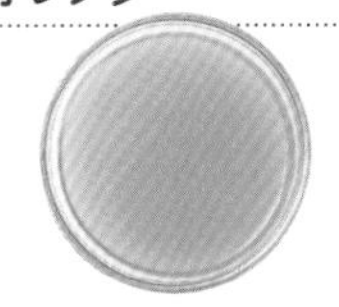
オレンジジュース（100%）
200ml

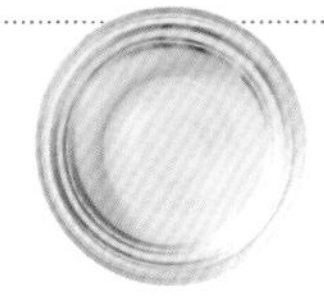
水
250ml

粉寒天
4g（小さじ2）

砂糖
30〜40g

レモン汁
小さじ1

B ぶどう

ぶどうジュース（100%）
200ml

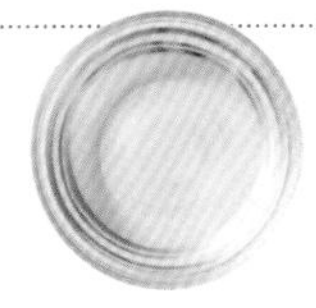
水
250ml

粉寒天
4g（小さじ2）

砂糖
30〜40g

レモン汁
小さじ1

〈 準備 〉
- ジュースは常温にしておく。

〈 memo 〉
- 砂糖は、ジュースの濃さや好みで加減する。
- ②でジュースが冷たいと全体がかたまってしまうので注意。

つくり方

1 A、Bそれぞれ別につくる。鍋に水と粉寒天を入れ、混ぜながら中火にかけ、完全に煮立てる。

2 弱火にして砂糖を加え、ひと煮したら火をとめ、ジュース、レモン汁を加えて混ぜる。

3 水でぬらした容器に②をそそぎ、表面がかたまり始めたら、冷蔵庫で1時間ほど冷やす。Bも同様に。

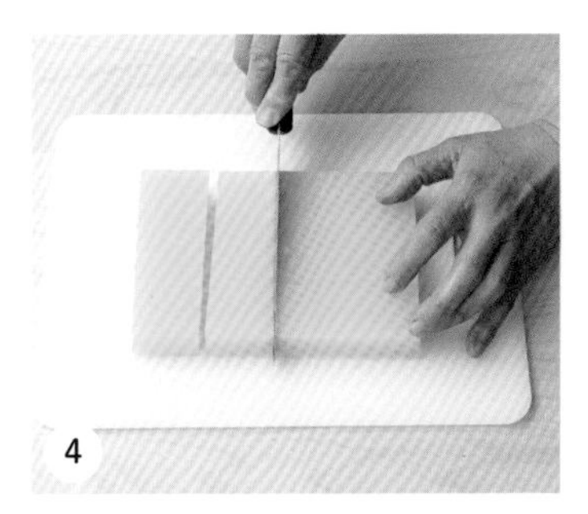
4 寒天を型から出し、抜き型よりひと回り大きい四角に切る。

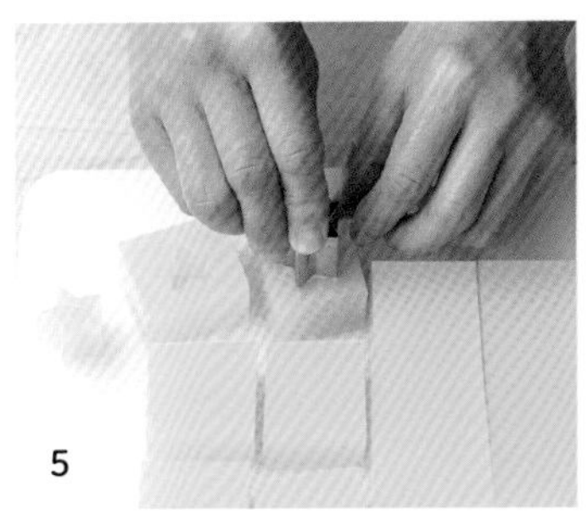
5 四角に切った④の中央を型で抜く。すべて同様に型で抜く。

6 AとBの抜いた中身を入れかえる。

やわらかレモン寒天 キウイソース

寒天でもとろりとやわらかい食感になる、絶妙な配合です。
食欲のない日でもスルッと食べられるので、朝ごはんのデザートにしても。（舘野）

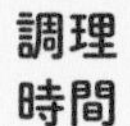

調理時間 約20分（冷やす時間を除く）

保存期間 冷蔵庫で3〜4日

材料（4人分）

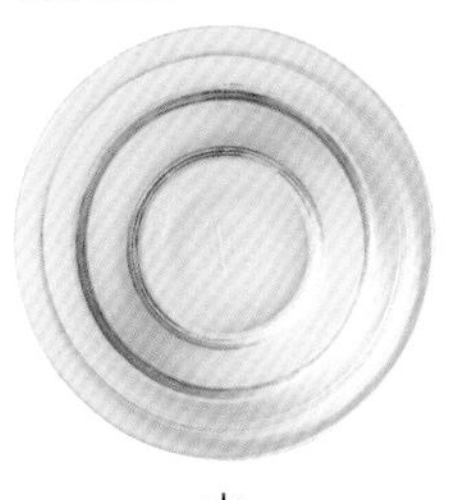

水
400ml

粉寒天
2g（小さじ1）

砂糖
大さじ4

レモン汁
40ml

キウイソース

キウイフルーツ
1個

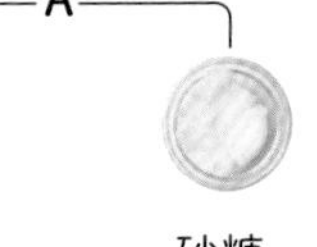

レモン汁
小さじ1

砂糖
大さじ1

〈 memo 〉
- ソースの果物は、キウイフルーツのほかにいちご、オレンジ、みかん、パイナップルなどでも。
- 砂糖を加減して、好みの甘さに。

つくり方

鍋に水と粉寒天を入れ、混ぜながら中火にかけ、完全に煮立てる。

完全に煮立ったら弱火にし、砂糖を加えてひと煮し、火をとめる。

レモン汁を加えてよく混ぜる。

器に等分にそそぐ。

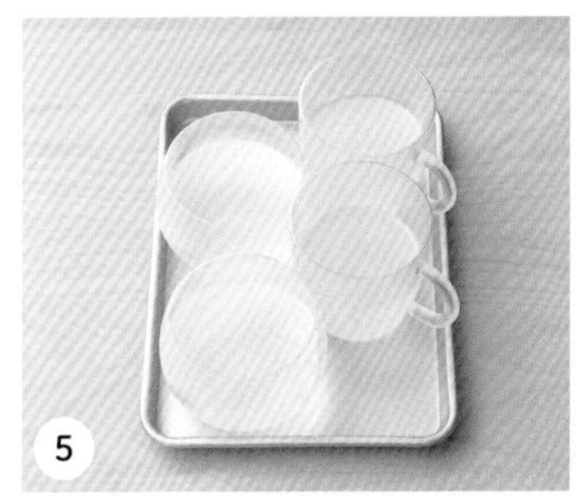

表面がかたまり始めたら、冷蔵庫で1時間ほど冷やしかためる。

キウイフルーツは7〜8mm角に切り、Aをからめて15分位おく。食べるときに、⑤にのせる。

牛乳みかんゼリー

500mlの牛乳パックを使ってつくります。
ぷるんとした口あたりで、暑い時期にぴったりな冷たいおやつです。（荻田）

調理時間 20分
（冷やす時間を除く）

保存期間 冷蔵庫で3日

材料（500mlの牛乳パック 1個分）

牛乳
450ml

砂糖
60g

粉ゼラチン
10g

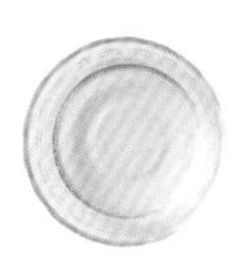
水
50ml

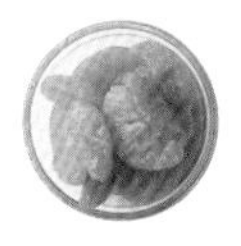
みかん
（缶詰・実の部分）
100g

〈 準備 〉

- 500mlの空の牛乳パックを用意する。

〈 memo 〉

- 鍋でつくる場合は、つくり方②で鍋に牛乳200mlと砂糖を入れ、火にかけて砂糖がとけて鍋のふちがふつふつしてきたら火をとめ、ふやかしたゼラチンを加えて混ぜる。ゼラチンがとけたらボウルに移し、つくり方④以降は同様に。

つくり方

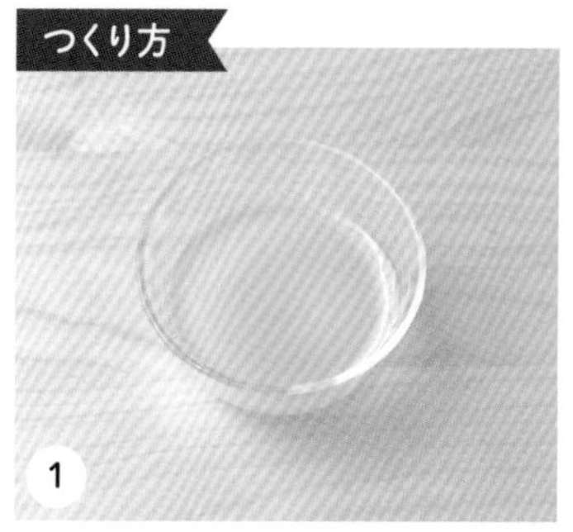
1 水に粉ゼラチンをふり入れ、ふやかしておく。

2 耐熱ボウルに牛乳200mlと砂糖を入れ、電子レンジ（600W）で2分加熱する。

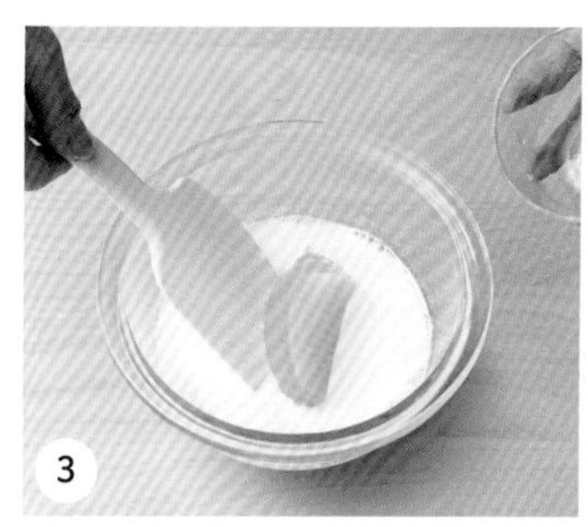
3 ②が熱いうちに①のふやかしたゼラチンを加え、ゼラチンがとけるまで混ぜる。

4 ③に残りの牛乳を加え、ボウルの底を氷水にあてながらときどき混ぜ、とろみがついたらみかんを加える。

5 牛乳パックにおたまで流し入れ、口にラップをして、冷蔵庫で2時間以上冷やしかためる。

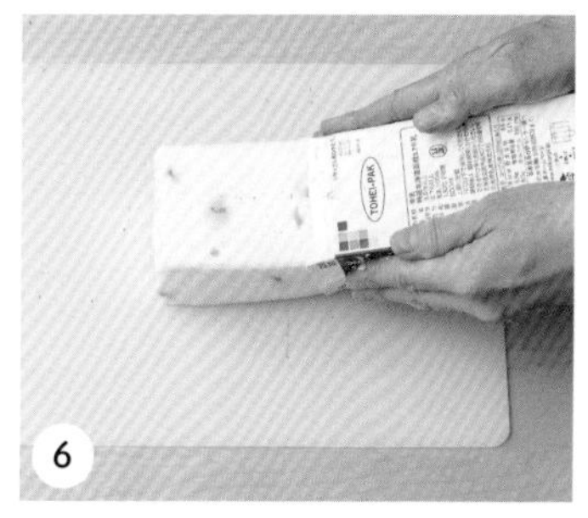
6 かたまったら、牛乳パックの側面にナイフなどで空気を入れ、まな板などに取り出し、好みの大きさに切る。

プリン

バニラビーンズもバニラエッセンスもいらない、
卵と牛乳と砂糖だけのシンプルで極上のプリンです。
カラメルは煮つめすぎると飴のようになるので、注意しましょう。（舘野）

調理時間 30分（冷やす時間を除く）

保存期間 冷蔵庫で2〜3日

材料（約160mlのプリン型 6〜7個分）

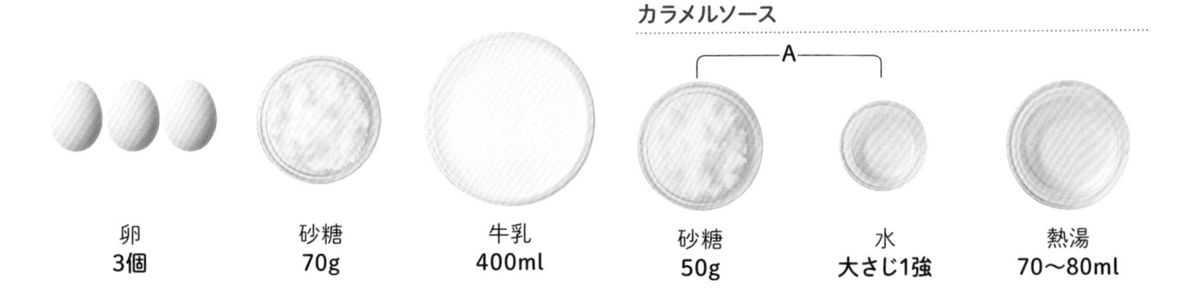

- 卵 **3個**
- 砂糖 **70g**
- 牛乳 **400ml**

カラメルソース

- A 砂糖 **50g**
- A 水 **大さじ1強**
- 熱湯 **70〜80ml**

〈 準備 〉

- 牛乳は、電子レンジ（600W）で2分加熱する。

〈 memo 〉

- カラメルソースは、冷蔵庫で1カ月以上保存可。つくっておくと、すぐにプリンができる。
- できあがったら粗熱を取り、冷蔵庫で冷やす。カップのままでも、皿に移して食べても。

つくり方

1 カラメルソースをつくる。小さめの鍋にAを入れて中火にかけ、濃い茶色になるまで加熱する。

2 水を入れたボウルに①の鍋底を3〜4秒当てながら、熱湯を加える（はねるので注意）。鍋を回して、再び弱火にかける。

3 ゴムべらでゆっくり混ぜて、全体がとけたら、少し火を強め、トロッとするまで煮つめる。水に落とすと底に輪が薄くできるくらいにする。

4 ボウルに卵を割り入れて砂糖を加え、泡立て器で切るように混ぜる。温めた牛乳を加えて混ぜ、茶こしなどでこす。

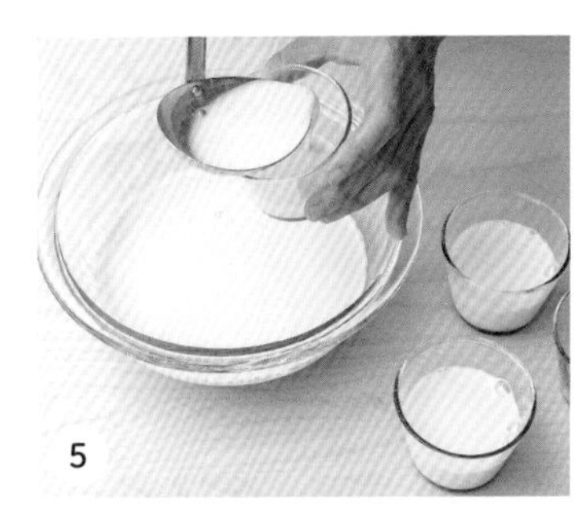

5 型に③のカラメルを等分に入れ、氷水を張ったバットで冷やし、上から④の卵液を入れる。蒸気の上がった蒸し器に入れ、ふたをする。

6 強めの中火で30秒蒸し、弱火で10〜15分蒸す。竹串を刺し、にごった汁が出なければ蒸しあがり。火をとめて、10分余熱で火を通す。

アイスケーキ

幼いころ、誕生日に母がつくってくれた見た目も豪華な、思い出のアイスケーキです。
市販のロールケーキと缶詰のフルーツ、アイスクリームをつめるだけ。
前日につくって凍らせておくとよいでしょう。（藤野）

調理時間 30分（凍らせる時間を除く）

保存期間 密閉容器に入れて冷凍庫で1週間

材料（直径15cmのボウル 1個分）

ロールケーキ（市販・8×17cm）**1本**

アイスクリーム（バニラ）**450g**

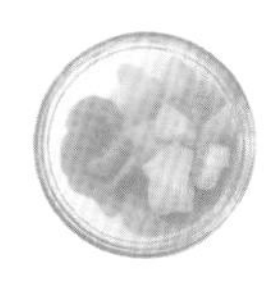
みかん・パイナップル・黄桃など（缶詰）**100g**

いちごジャム **50g**

牛乳 約**50ml**

〈 準備 〉

- アイスは室温に少しもどして、すくいやすいやわらかさにしておく。
- ボウルに2cm幅のクッキングシートを放射状に3本重ねる（★）。
- フルーツは水けをきっておく。

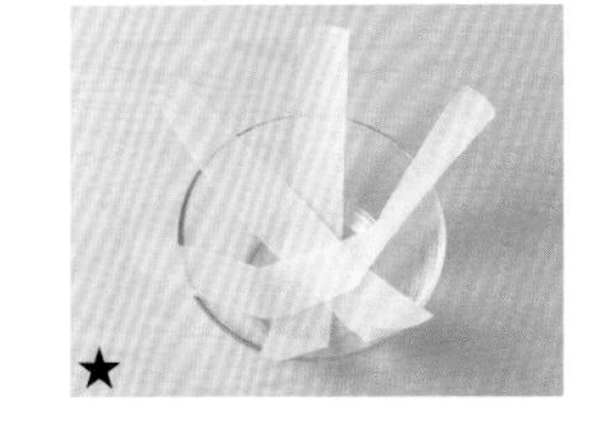
★

〈 memo 〉

- ロールケーキ（スイスロール）はバニラクリームだけのシンプルなものを。かわりにカステラを使ってもOK。
- 果物は、生も含めてお好みで。ジャムもお好みのものを。
- つくり方④でボウルの8割が埋まっている状態にするとよい。

つくり方

1 ロールケーキは1cm厚さに切り、半分に切る。バットなどに広げ、断面に牛乳をしみこませる。

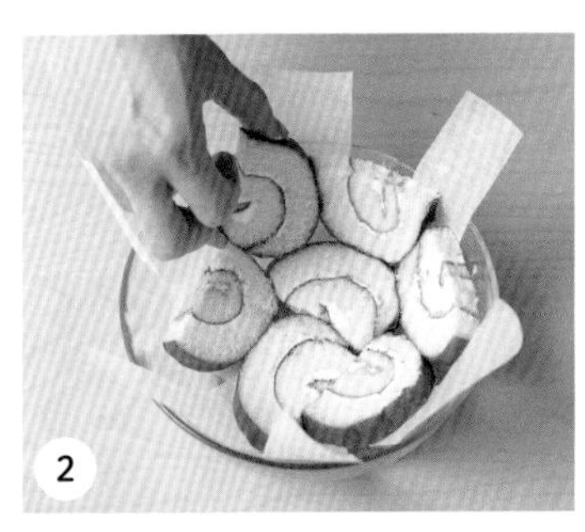
2 ★のボウルに①の牛乳をぬった面を上にして、隙間なく並べる。5〜6切れ残しておく。

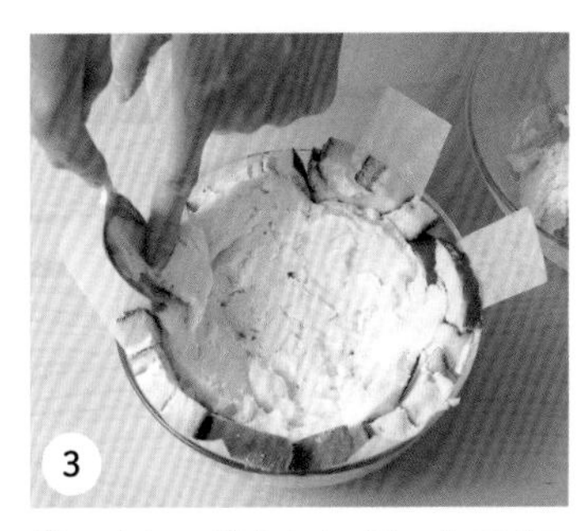
3 ②の中に、薄くすくい取ったアイスを貼りつけるように入れる。

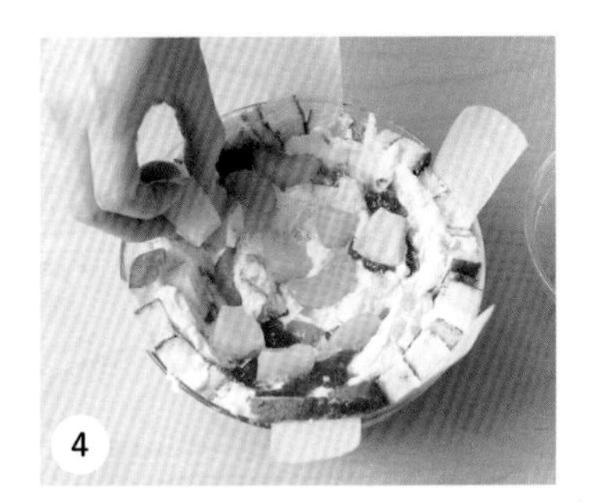
4 ジャムをぬり、アイスを薄く加え、フルーツ、ジャムをバランスよく入れて残りのアイスで上面を覆う。

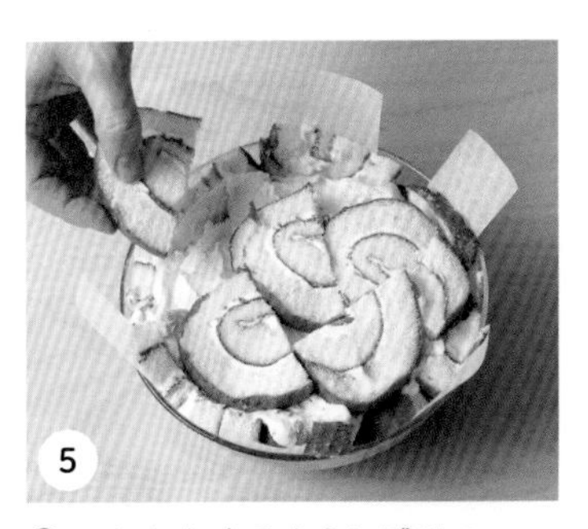
5 ④にふたをするように残りのロールケーキをつめる。ラップをして冷凍庫で一晩凍らす。

6 冷凍庫から取り出し、皿にひっくり返し、温めた布巾でボウルを少し温めて、ケーキをボウルから外す。

ぶどうシャーベット

ぶどうジュースによって、砂糖の量を加減し、好みの味にしましょう。
凍らせる前に味見をして、少し甘いくらいがベストです。（荻田）

調理時間 10分
（凍らせる時間を除く）

保存期間 フリーザーバッグのまま冷凍庫で2週間

材料（つくりやすい分量）

ぶどうジュース（100%）
400ml

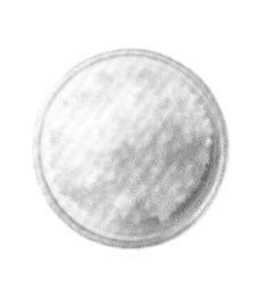

砂糖
40g

レモン汁
大さじ½

〈 memo 〉

- つくり方⑤でとけてどろどろになったら、
再び冷凍庫で冷やしかためて同じように繰り返す。

つくり方

1 ボウルなどにジッパーつきフリーザーバッグをおき、ジュース、砂糖、レモン汁を入れる。

2 空気を抜いて袋の口を閉じ、袋ごとふって砂糖をとかす。

3 バットなどに平らにおき、冷凍庫で5時間ほどかためる。

4 袋の口をいったんあけて空気を入れる。

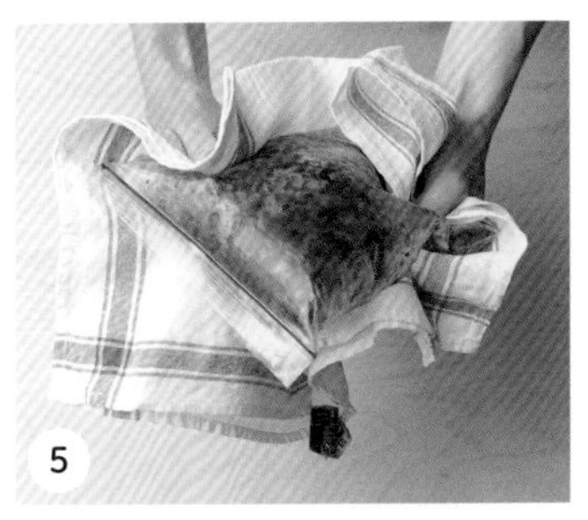

5 ふたたび口を閉じて袋の上からもんで（布巾で包むなどして）シャーベット状にする。

6 かたまりが大きいところやかたいところはめん棒でたたく。スプーンですくって器に盛る。

オレンジトマトシャーベット

野菜もいっしょに凍らせます。
ざく切りのトマトの食感が楽しいシャーベットです。（荻田）

調理時間 15分（凍らせる時間を除く）

保存期間 フリーザーバッグのまま冷凍庫で2週間

材料（つくりやすい分量）

オレンジジュース　**300ml**
トマト　**1個**（150g）
砂糖　**40g**

つくり方

❶トマトはへたを取り、熱湯にさっとくぐらせて冷水に取り、皮をむく。横半分に切って種をざっと取りのぞき、ざく切りにする。
❷ジッパーつきフリーザーバッグにジュースと①のトマト、砂糖を入れ、袋の口を閉じて袋ごとふって砂糖をとかす。
❸ぶどうシャーベットのつくり方（p71）の③〜⑥と同様につくる。

トマトは熱湯にくぐらせた後、冷水にとって湯むきする。

Part 5

パン・パイ

食べ盛りの子どもには、
軽食がわりのパンをつくってみませんか？
冷蔵庫で一晩かけて発酵させるオーバーナイト発酵のパンなら、
前日に仕込んでおくことができます。
焼きたてのほわほわ温かいパンを味わえるのは、手づくりだけ！
冷凍パイシートを使った簡単なパイから、
発酵不要のパンまで盛りだくさんです。

やさしい丸パン

こねた生地を、半日（一晩）ほど冷蔵庫で発酵させた生地でつくるパン。
発酵で失敗することがなく、ボウルの中で生地をこねるので、
子どもでもつくりやすいのが、うれしいポイントです。（石田）

調理時間 30分
（発酵時間・
焼く時間を除く）

保存期間 その日のうちに食べる。冷凍なら2週間。
食べるときは、ホイルで包みトースターで温める

材料（直径約8cm 8個分）

強力粉
200g

上白糖
15g

塩
小さじ½

バター
15g

牛乳
100〜110g

卵
1個（40gが生地用、
残りは照り用）

ドライイースト
小さじ½

〈 準備 〉

- バターは室温にもどしておく。
- 天板にクッキングシートをしく。
- オーブンは180℃に予熱する。

〈 memo 〉

- ボウルは、大きいものを使うとこねやすい。
- 成形するときは、シリコン製のマット（40×50cm）などがあるとよい。
- 牛乳は100gで様子を見て、粉っぽければ、110gまで少しずつ加える。
- 1単位の生地をねじりパン （p77）、ウインナーパン、レーズンバターパン （p78）に分けてつくることもできる。

つくり方

1
ボウルに牛乳と卵40gを入れ、塩と上白糖を加え、イーストをふり入れる。

2
強力粉を一度に加え、ゴムべらでひとまとめにする。

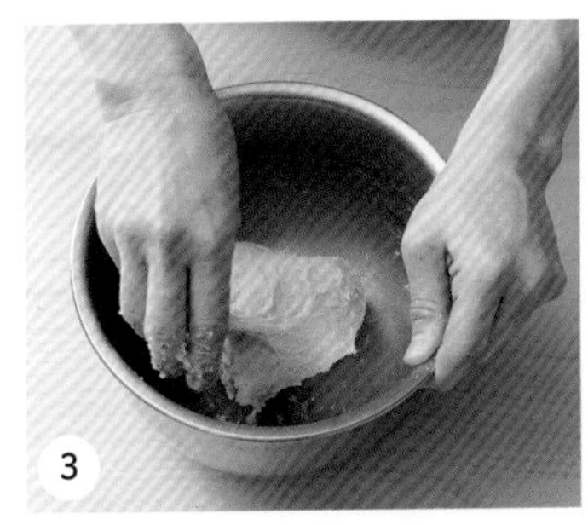
3
ボウルの中で、ボウルに押しつけるように、10分程度手でこねる。最後はたたくようにこねるとよい。

4
生地が手につかなくなり、まとまってきたら、バターを加えてつやがなくなるまで5分ほどよく混ぜこむ。

5
④をボウルに入れて30分〜1時間位室温におく（季節により変動あり）。

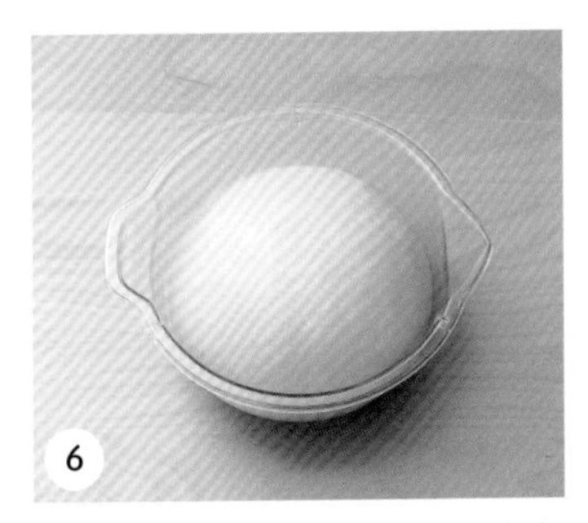
6
生地が1.5倍ほどに膨らんできたら、ラップをして冷蔵庫に入れ、発酵させる。

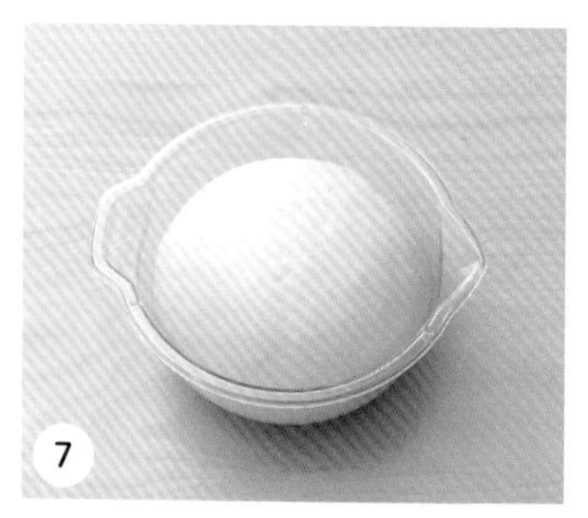

半日（7〜8時間）ほどおいたら冷蔵庫から出し、約1時間室温におき、生地の温度をもどす（目安は20℃位）。

生地をボウルから出して、カードなどで8等分にする。

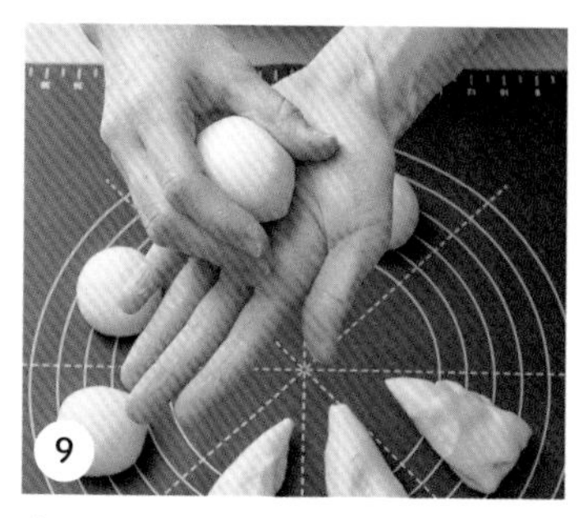

きれいな面を表に出すように生地を少しのばしながらまとめ、手のひらで転がしながら丸める。ガスを抜くように丸めるとよい。

かたくしぼった布巾をかけ、室温で15分ほど生地を休ませる（ベンチタイム）。

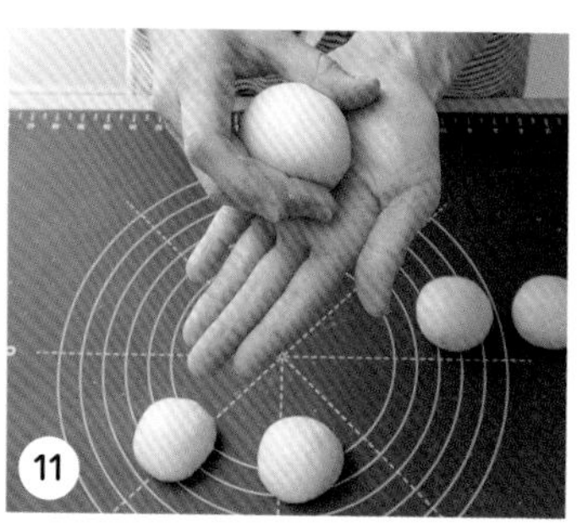

手の上にのせてやさしく転がすように、くるくると丸めて成形する。

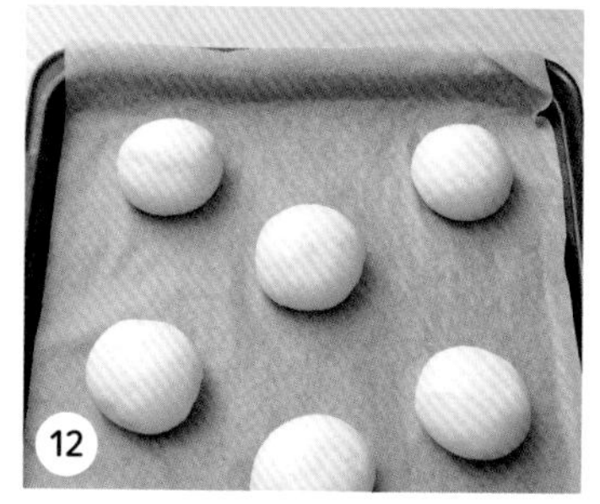

かたくしぼった布巾をかけて、暖かいところ（約30℃・オーブンの発酵機能でもよい）で50〜60分ほど、生地が2倍位に膨らむまで2次発酵させる。

天板にのせ、照り用のとき卵10gを表面にぬって、180℃のオーブンで10〜12分焼く。焼きあがったら、網などにのせる。冷めたら、乾燥しないように密閉袋に入れるとよい。

アレンジ！

卵なしやさしい丸パン

卵を入れないパンは、どんなおかずにも合う素朴な味。
卵ありに比べると砂糖も控えめです。（石田）

材料（直径約8cm 8個分）

強力粉　**200g**
上白糖　**10g**
塩　**小さじ½**
バター　**15g**
牛乳　**140〜150g**
ドライイースト　**小さじ½**

つくり方

「やさしい丸パン」と同じ。
ただし、①で卵を入れず、
⑬でとき卵をぬらない。

調理時間 30分（発酵時間・焼く時間を除く）

保存期間 その日のうちに食べる。冷凍なら2週間。食べるときは、ホイルで包みトースターで温める

ねじりパン

「やさしい丸パン」（p75）の生地を使って、好きな形にアレンジ。ねじった形がかわいいねじりパンをご紹介します。（石田）

材料（8本分）

やさしい丸パンの材料（p75）

〈準備〉
- バターは室温にもどしておく。
- 天板にクッキングシートをしく。
- オーブンは180°Cに予熱する。

つくり方

❶「やさしい丸パン」のつくり方の①～⑩まで同様につくる。
❷生地を手のひらで押して広げ、上下を折ってしっかりとじる（a）。
❸②を両手のひらで転がしながら、長さ30cmほどの棒状にのばす（b）。
❹③の上に両手を置いて、右手は上方向にねじりながら、左手は下方向にねじりながら転がす（c）。
❺生地の両端を持ち上げて合わせると、自然と生地がねじれる（d）。両端はつまんでとじる。「やさしい丸パン」のつくり方⑫同様に2次発酵させる。
❻天板に並べ、表面にとき卵を刷毛でぬり、180°Cのオーブンで10～12分焼く。

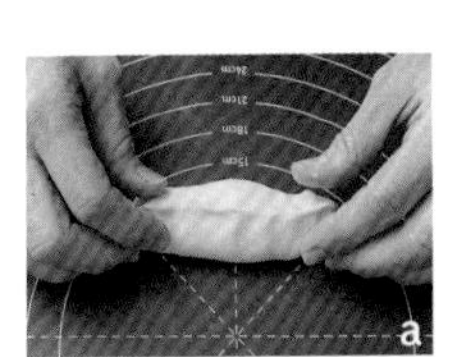
a

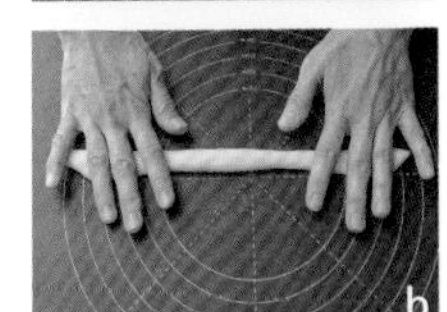
b

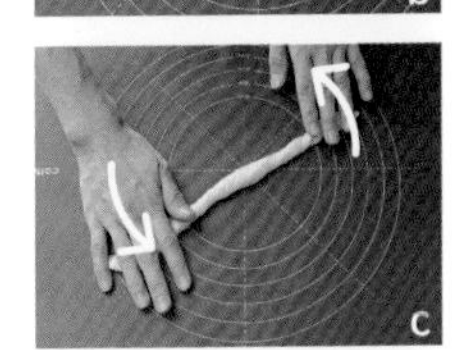
c

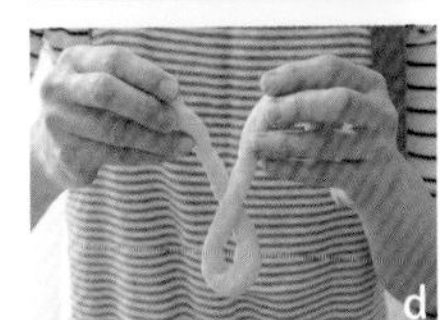
d

アレンジ！

ウインナーパン

調理時間　35分（発酵時間・焼く時間を除く）

保存期間　その日のうちに食べる。冷凍なら2週間。食べるときは、ホイルで包みトースターで温める

ウインナー入りのお惣菜パンは子どもに大人気！（石田）

材料（8個分）

やさしい丸パンの材料（p75）　**全量**
ウインナー（約14cm）　**8本**
ケチャップ、パセリ（乾燥）　**各適量**

〈準備〉

- バターは室温にもどしておく。
- 天板にクッキングシートをしく。
- オーブンは180℃に予熱する。

つくり方

❶やさしい丸パンのつくり方の①〜⑩まで同様につくる。
❷生地をめん棒で12×8cm位にのばし、真ん中にウインナーをおき、カードなどで左右に5本ずつ切りこみを入れる。
❸生地を左右交互に重ね（a）、最後はつまんでとじる。「やさしい丸パン」のつくり方⑫同様に2次発酵させる。
❹表面にとき卵をぬり、好みでケチャップをかけて、180℃のオーブンで10〜12分焼く。焼き上がりにパセリを散らす。

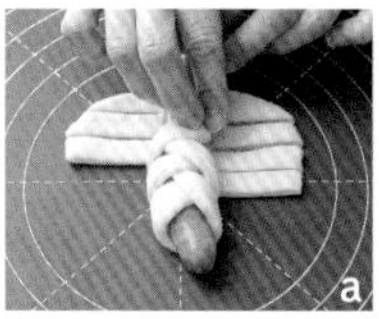

レーズンバターパン

ザクザクとした食感が味わえるように、きび砂糖は粒子の粗いものを選びましょう。（石田）

材料（8個分）

やさしい丸パンの材料（p75）　**全量**
レーズン　**80g**（1個につき約10g）
バター　**24g**（1個につき3g）
きび砂糖　**小さじ8**（1個につき小さじ1）

〈準備〉

- バターは室温にもどしておく。
- レーズンはぬるま湯で15分もどす。
- 天板にクッキングシートをしく。
- オーブンは180℃に予熱する。

つくり方

❶やさしい丸パンの①〜⑩までと同様につくる。
❷生地を手でのばし、左端を残してレーズンの⅔量をのせ（b）、左右をたたんで横向きにおく。
❸生地の左端を残し、残りのレーズンをのせ（c）、左端から三つ折りにし、手のひらで丸める。
❹「やさしい丸パン」のつくり方⑫同様に2次発酵させる。表面にとき卵をぬり、キッチンバサミで真ん中に十字に切りこみを入れ、バター、砂糖の順にのせ、180℃のオーブンで10〜12分焼く。

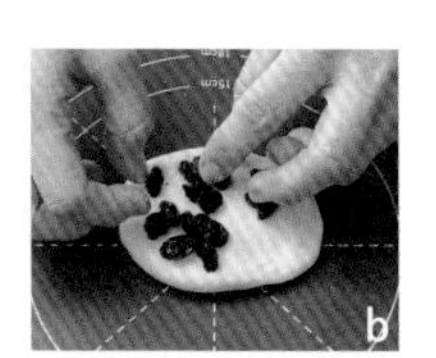
b

c

おやつもパンもできるだけ手づくりを

一石田 薫

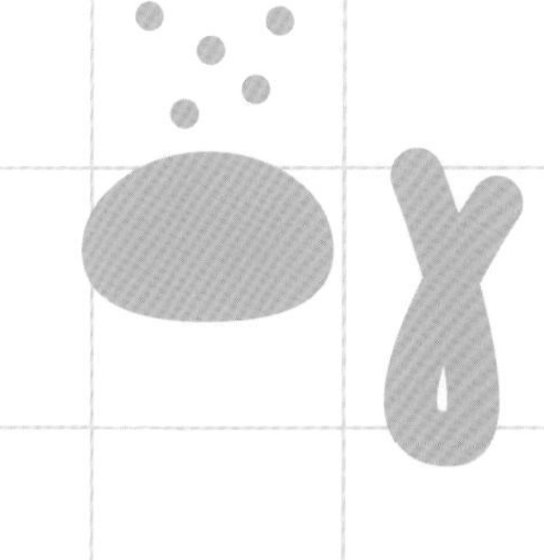

子どもが小さいころは、慣れない育児でストレスを抱えることもあり、そのストレス発散によくお菓子を焼いたり、パンをつくったりしていました。そうすると気持ちがスッキリします。私にとってお菓子づくりは、好きなことに集中できる大切な時間です。

もともと、小さいころから台所に立つことが好きで、よく母やいっしょに暮らしていた叔母とジャムやお菓子づくりをしていました。パンを本格的に手づくりするようになったのは、子どもが生まれてからで、添加物が気になったり、自家製酵母などに興味が出たりして、本を見ながら勉強しました。もともと大のパン好きだったのですが、それからさらにはまってしまい、今ではパンづくりを仕事にするほどです。朝食は毎日、手づくりのパン。お米を食べるご家庭が朝、ご飯を炊くような感覚で、パンを焼いています。なんといっても焼き立てがおいしいのですが、余ったらそのまま子どものおやつになります。学校からいつもお腹をすかして帰ってくるので、パンがなければ、クッキーやマフィンを焼いたり、ドーナツを揚げることもあります。

ミニチョコマフィン(p32)は、本当に手軽で、娘が学校から帰ってきて、おやつが何もないときには、一人でつくるくらいの簡単さです。もともとは薄力粉でつくるレシピでしたが、米粉にしたことで、混ぜすぎても気にしないでよく、より手軽になりました。たくさんできたら、お友だちにもプレゼントしているようです。

好きでつくっているパンやお菓子ですが、息子が小学4年生のころ、「パンが好きです」というカードをくれて、とても嬉しく思いました。パン屋のパンは買いますが、スーパーなどのパンやおやつはあまり買いません。できるだけ、おやつもパンも手づくりしながら、子どもたちの食と向き合っていきたいと思います。

子どもたちからもらったカード。「パンをつくってくれて、クッキーつくってくれて、ぼくはパンが好きです。クッキーもおいしくてちょっとしょっぱいです」

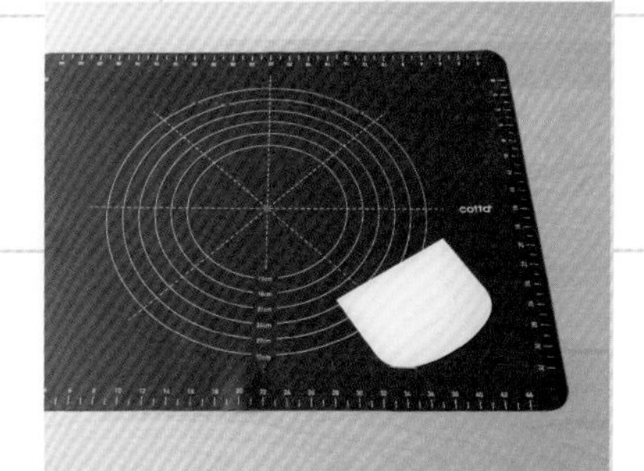

パンづくりにあると便利なのが、切る、混ぜるの作業がしやすい「カード(ドレッジ)」と生地をこねたり、のばすときに便利なシリンコン製の「パンマット」です。

コーンブレッド

とうもろこしの香りが口の中に広がります。
朝食にもぴったりで、バターやジャムをぬったり、軽くトーストしていただきます。（藤野）

調理時間 15分（焼く時間を除く）

保存期間 密閉容器に入れて涼しいところで2〜3日。冷凍なら2週間。食べるときはトースターで温める

材料（16×7×高さ8cmのパウンド型 1台分）

薄力粉
100g

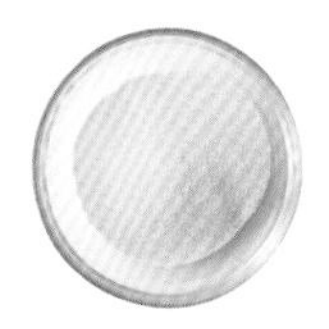
コーングリッツ
100g

ベーキングパウダー
小さじ2

塩
小さじ½

バター
60g

グラニュー糖
（または砂糖）
50g

卵
2個

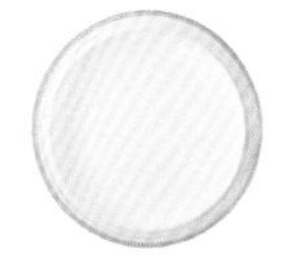
牛乳
150ml

〈準備〉

- バターは室温にもどしておく。
- 型にクッキングシートをしく。
- オーブンは170℃に予熱する。

つくり方

1
ボウルにバターを入れ、泡立て器でクリーム状にする。

2
①にグラニュー糖を入れて混ぜ、卵1個を割り入れて泡立て器で混ぜ、残りの卵も割り入れてしっかりと混ぜ合わせる。

3
牛乳も加えてバターのかたまりがなくなるまで混ぜる。

4
③のボウルに薄力粉、コーングリッツ、ベーキングパウダー、塩をまとめてふるい入れ、混ぜる。

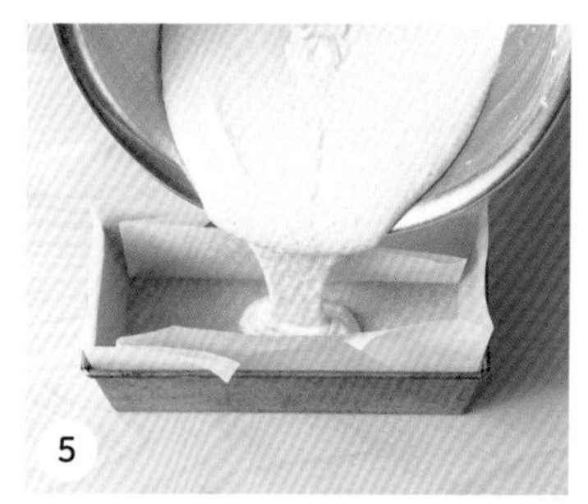
5
型に④を流し入れ、170℃のオーブンで40〜45分ほど、様子を見ながら焼く。

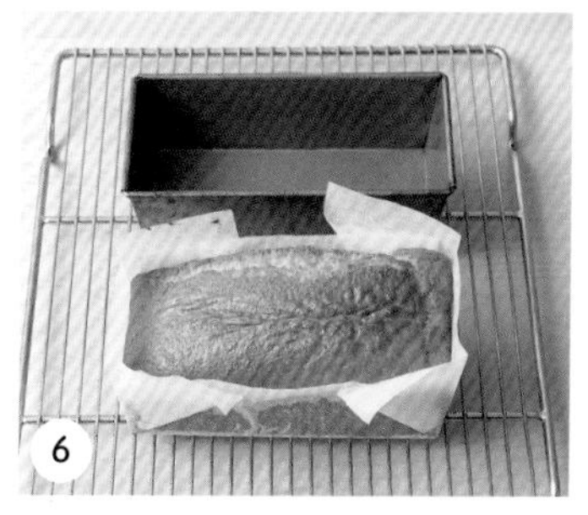
6
粗熱が取れたら型から外し、網などにのせて冷ます。

蒸しパン

やさしい甘さのシンプルな蒸しパンです。
サラダ油を入れることで、パサつかず、つややかな仕上がりになります。（舘野）

調理時間 25分　保存期間 密閉容器に入れて常温で翌日まで

材料（直径7×高さ4cmのカップ 約8個分）

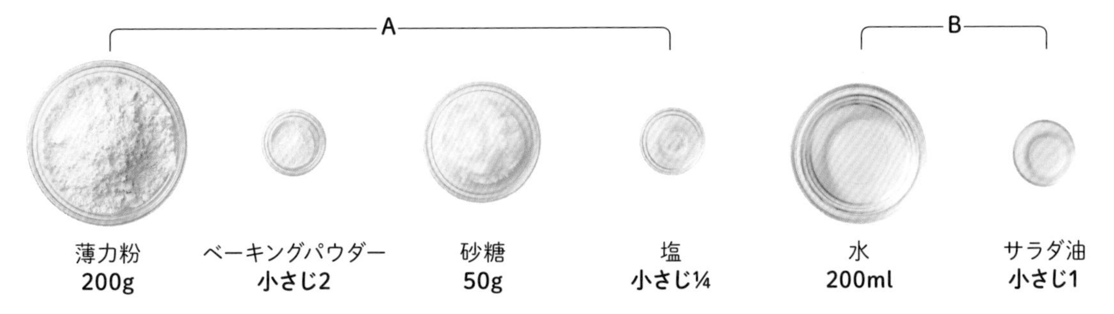

- A
  - 薄力粉 **200g**
  - ベーキングパウダー **小さじ2**
  - 砂糖 **50g**
  - 塩 **小さじ¼**
- B
  - 水 **200ml**
  - サラダ油 **小さじ1**

〈 準備 〉

- 耐熱のシリコンカップなどにグラシンカップを入れておく。

〈 memo 〉

- 翌日食べるときは、蒸し直すと、できたてのような食感に。

つくり方

1. ボウルにAをふるい入れる。

2. ①の中央をくぼませて、Bを入れる。

3. ②をなめらかになるまで泡立て器で混ぜ合わせる。

4. 型に③を8分目まで入れる。

5. 蒸気の上がった蒸し器で12〜15分蒸す。竹串などを刺して、生地がついてこなければ蒸しあがり。

「フライパン蒸し」でもOK。フライパンにカップを並べ、容器の高さの半分弱の湯をはり、ふたをして蒸す。

アレンジ！

ひじき蒸しパン

ちょっとお腹が空いたときに食べたい、おかずを入れたお惣菜蒸しパン。
チーズやカニカマのほか、ハンバーグなど残ったおかずを
入れるのもおすすめです。（舘野）

調理時間	30分
保存期間	密閉容器に入れて常温で翌日まで

材料（直径7×高さ4cmのカップ 約8個分）

蒸しパンの材料（p83）　**全量**
ひじきの煮もの　**1個に対して小さじ1程度**

つくり方

❶蒸しパンのつくり方（p83）①～④まで同様につくる。
❷ひじきの煮ものをのせ、菜箸で2～3回軽くおさえて、生地になじませる。
❸蒸気の上がった蒸し器で12～15分蒸す。竹串などを刺して、生地がついてこなければ蒸しあがり。

生地になじませるようにおさえる。

アレンジ!

チャーシューまん&あんまん

調理時間	30分
保存期間	密閉容器に入れて常温で翌日まで

チャーシューやあんこを入れて中華まん風にもできます。
育ち盛りの子どもも喜ぶ、満足感のあるおやつに変身します。(舘野)

材料 (直径7×高さ4cmの耐熱カップ 約8個分)

蒸しパンの材料(p83) **全量**
チャーシュー **約50g**
青葱 **適量**
小倉あん **80g**
サラダ油 **適量**

つくり方

❶陶器の型にサラダ油をぬる(a)。
❷チャーシューは、5mm幅に切る。
❸蒸しパンのつくり方(p83)①〜④まで同様につくる。
❹半分に②のチャーシューをのせ(b)、残りに小倉あんをスプーンでのせる(c)。
❺蒸気の上がった蒸し器で12〜15分蒸す。竹串などを刺して、生地がついてこなければ蒸しあがり。チャーシューまんは刻んだ青葱をのせる。

a
型がなければ、湯のみなどの陶器を使っても。

b
チャーシューのかわりにハムやベーコンでも。

c
小倉あんは、蒸す間に半分ほど沈む。

パンプディング

卵液をたっぷり含み、ふわふわでしっとりとした食感です。
アイスクリームやメープルシロップを添えたり、冷たくしてもおいしいですよ。（藤野）

調理時間 20分（焼く時間を除く）

保存期間 ラップなどをして冷蔵庫で2〜3日

材料（直径10cmのココット 4個分）

牛乳 **300ml**

卵 **2個**

グラニュー糖（または砂糖） **50g**

食パン（8枚切り） **4枚**

レーズン **50g**

水 **50g**

とかしバター　**適量**

〈 準備 〉

- 水にレーズンを30分ほどつけ、水けをきる。
  または、耐熱容器に入れ、
  電子レンジ（600W）に1〜1分半ほどかけてもよい。
- オーブンは160℃に予熱する。

〈 memo 〉

- 食パンはフランスパンでもOK。

つくり方

1 ココット型の内側に刷毛（または指）でバターをぬる。

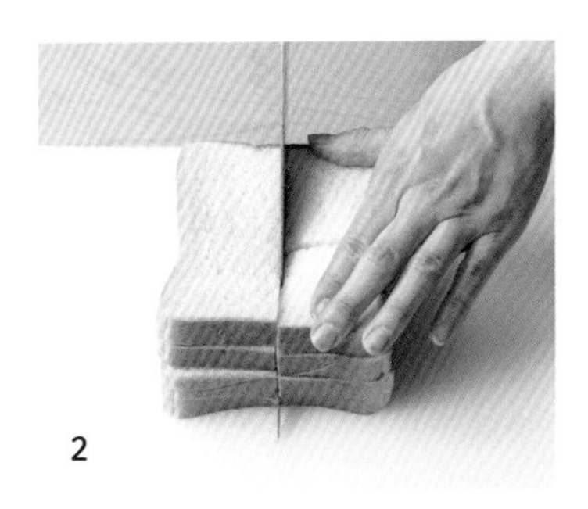

2 食パンは四等分に切り、バットなどに並べる。

3 卵、グラニュー糖、牛乳を混ぜて②に入れる。レーズンも加え、5分つけたら上下を返し、5分つける。

4 ①に、③のパン、レーズン、パンの順につめこみ、残った卵液も等分に入れる。

5 約1cm深さのぬるま湯を張ったバットに④を並べる。

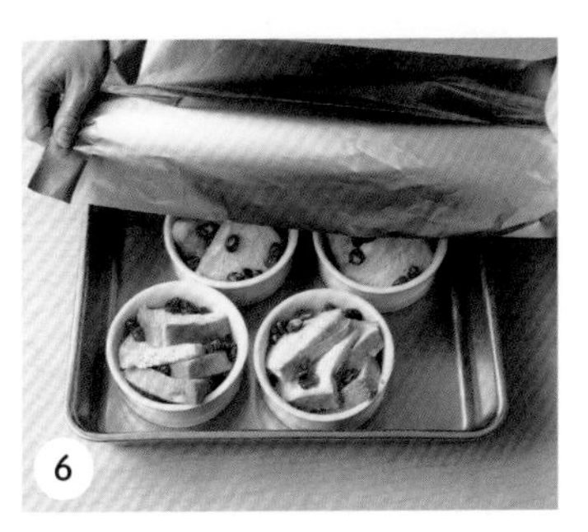

6 アルミホイルをかぶせ、160℃のオーブンで20分、アルミホイルを外して約10分ほど蒸し焼きにする。

ねじねじパイ3種（チーズ・青海苔・ハム）

パイシートを使った簡単なおやつです。
ねじねじやぐるぐるなど形をかえると見た目も楽しいですね。
意外かもしれませんが、青海苔はパイとの相性抜群です。（藤野）

調理時間 10分（焼く時間を除く）

保存期間 密閉容器に入れて常温で2〜3日

材料（つくりやすい分量）

冷凍パイシート
3枚
（各1枚）

粉チーズ
大さじ4

青海苔
大さじ2

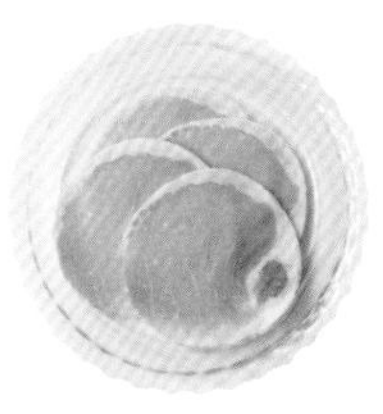

ハム
4枚

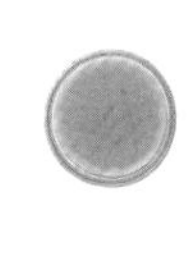

とき卵
1個分

〈 準備 〉

- 天板にクッキングシートをしく。
- オーブンは180℃に予熱する。

〈 memo 〉

- つくり方③でまな板などに残った粉チーズや青海苔は、天板にのせた後に、上からかける。
- パイシートがやわらかくなりすぎたら、焼く前に冷蔵庫に20〜30分ほど入れて落ち着かせるとよい。

つくり方

1 パイシートをまな板におき、刷毛などでとき卵を全体にぬる。

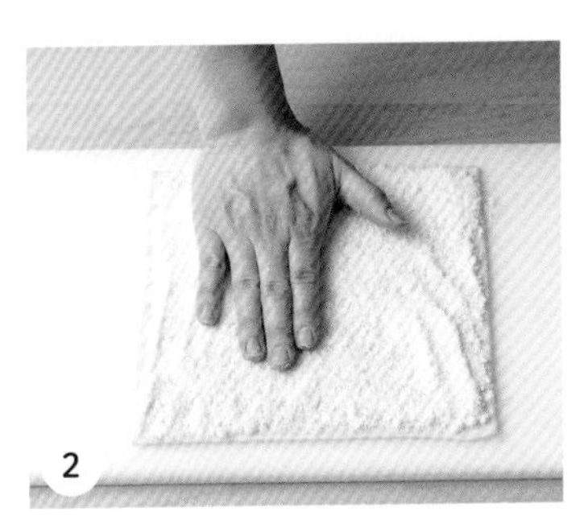

2 ①の1枚に粉チーズをのせて、上から手で押さえる。

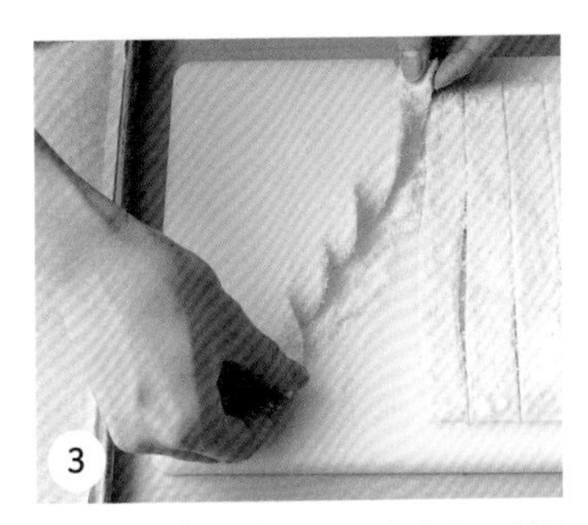

3 ②を2cm幅に切り、1本を3〜4回ねじって、天板にのせる。青海苔も同様につくる。

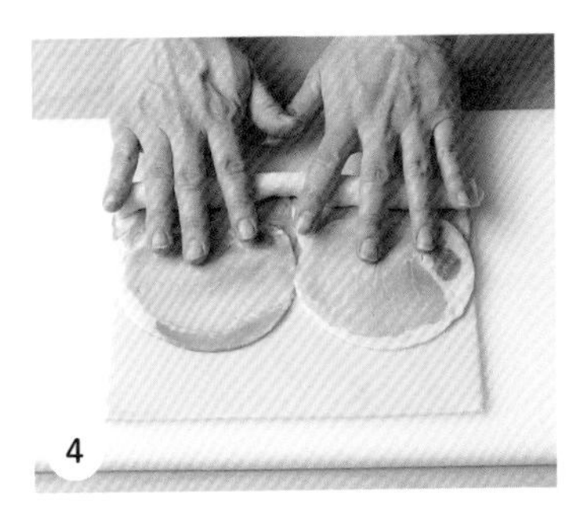

4 残りの1枚のパイシートの奥⅓を残してハムをのせ、手前からくるくると巻く。

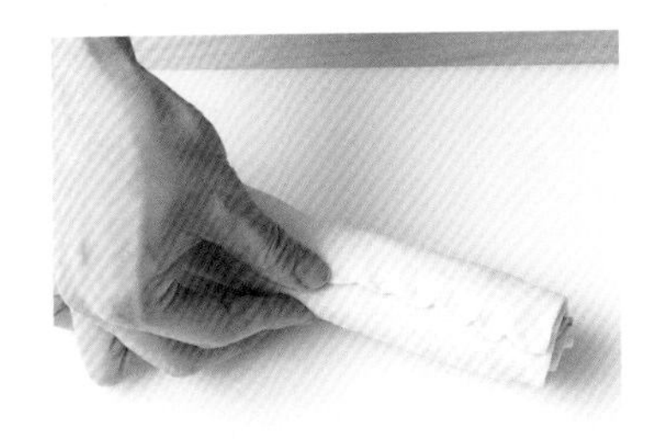

5 ④の巻き終わりを指でくっつけてしっかり閉じ、1cm幅に切って天板にのせる。

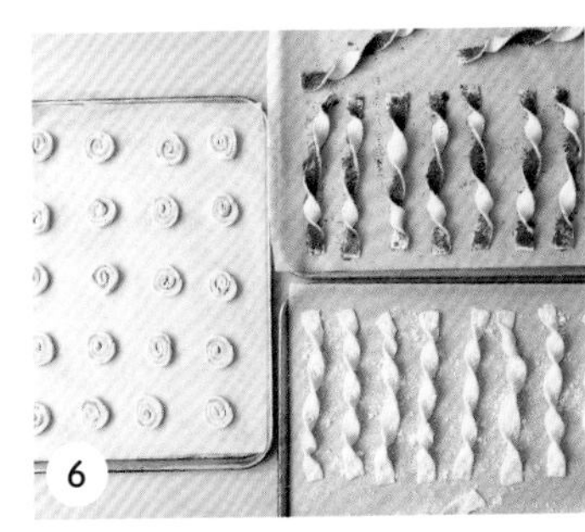

6 180℃のオーブンで25〜30分焼く。

いちご&りんごの三角パイ

サクッと軽い口あたりです。
好みのジャムのほか、チョコやキャラメル、
バナナを包んで、アレンジしてみてください。（藤野）

調理時間 10分（焼く時間を除く）　**保存期間** 密閉容器に入れて常温で2〜3日

材料（つくりやすい分量）

冷凍パイシート **2枚**（各1枚）

いちごジャム **大さじ3**

りんごジャム **大さじ3**

黒いりごま **小さじ1**

水　**適量**
卵黄　**適量**

〈準備〉
- 天板にクッキングシートをしく。
- オーブンは180°Cに予熱する。

つくり方

1 パイシートは、1枚を4等分に切る。

2 刷毛などで、全体に薄く水をぬる。

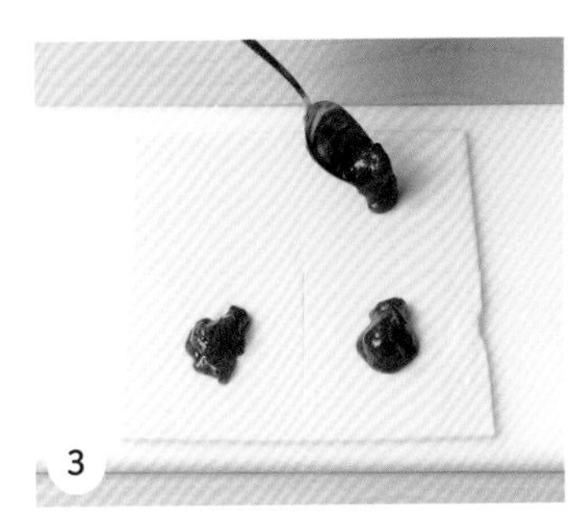
3 ①の真ん中にいちごジャムをのせる。残りの1枚分には、りんごジャムをのせる。

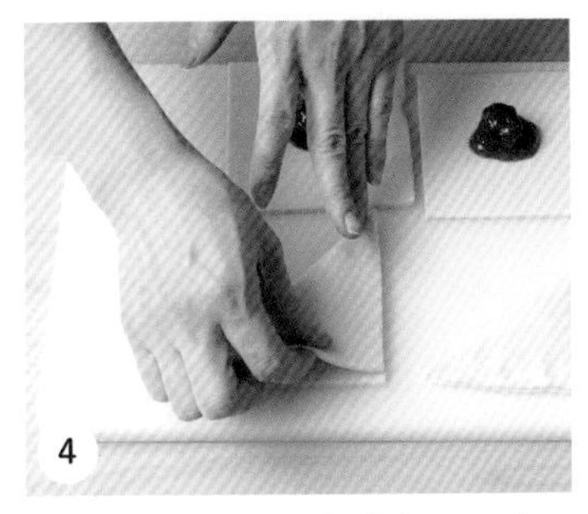
4 三角になるように生地をかぶせ、ふちを指で軽く押し、しっかりくっつける。

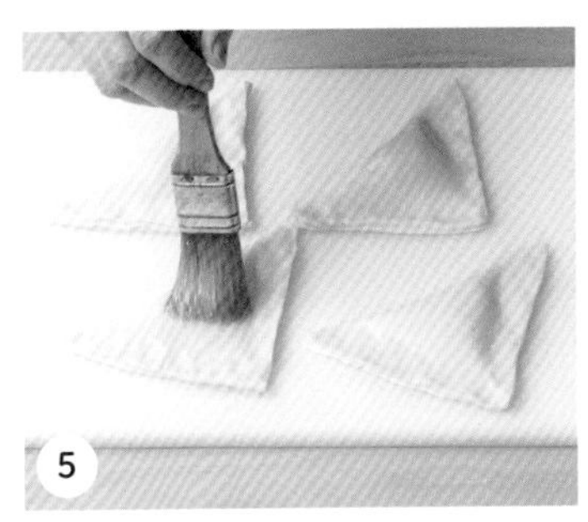
5 表面に照り用のといた卵黄をぬる。

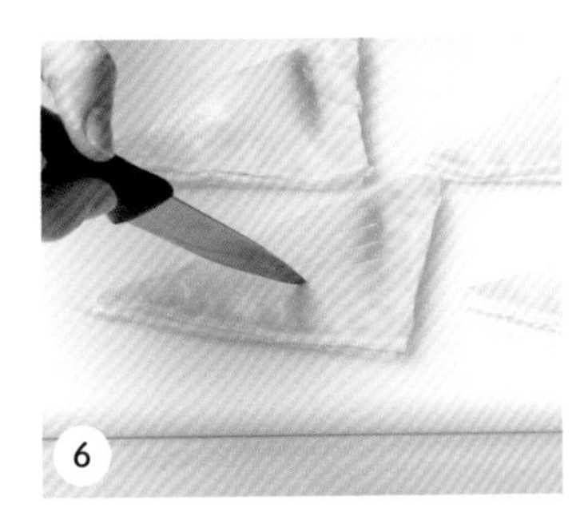
6 数本軽く切りこみを入れ、りんごジャムのパイは、ごまをのせる。180°Cのオーブンで25〜30分、きつね色になるまで焼く。

ピタパン

焼きたてのふわふわもちもちの食感がおいしいピタパン。
中に、卵サラダやハム、チーズのほか、ドライカレーを入れてもOK！（石田）

調理時間 20分（発酵時間・焼く時間を除く）

保存期間 その日のうちに食べる。冷凍なら2週間。食べるときはトースターで温める

材料（6枚分）

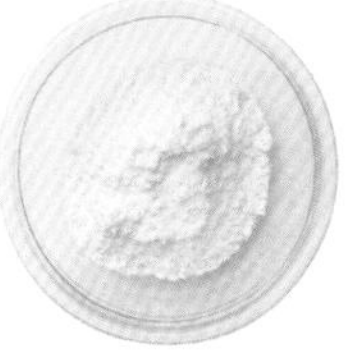

強力粉	薄力粉	砂糖	塩	ドライイースト	水	オリーブオイル
140g	**60g**	**2g**	**3g**	**3g**	**140ml**	**8g**

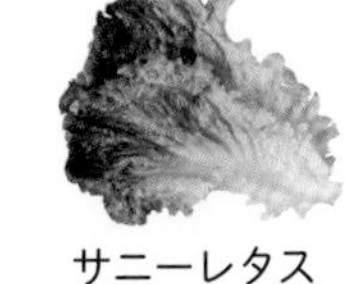

卵サラダ	サニーレタス
適量	**適量**

〈 memo 〉

- うまく膨らまなかったら、ナンのようにちぎって食べたり、具を巻いて食べてもよい。

つくり方

①ボウルに水とドライイーストを入れてゴムべらで混ぜ、砂糖、塩、オリーブオイルを加えて粉も混ぜる。カードで側面の粉をとって混ぜ、ほぼまとめる。

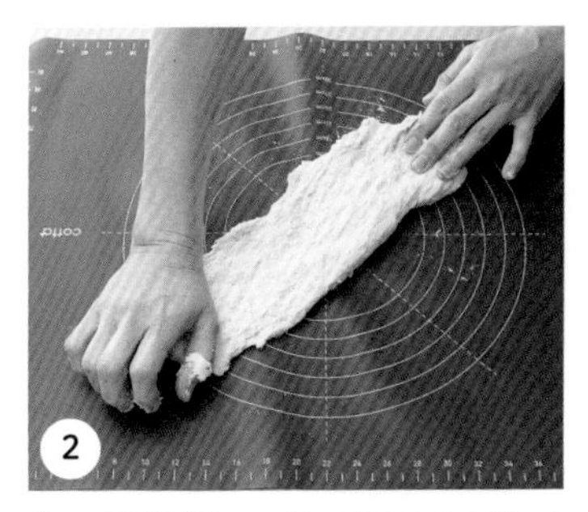

台に取り出し、手の腹でのばしてまとめるを繰り返してこねる（生地が手につくようなら打ち粉をする）。生地が手につかなくなったら、数回台に打ちつける。

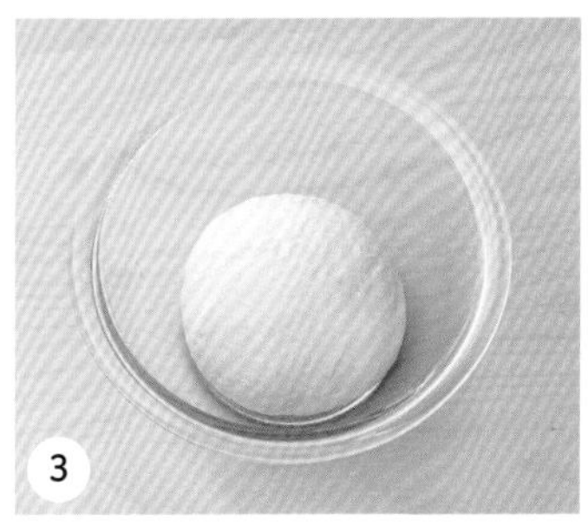

ボウルに入れて1次発酵させる（オーブンの発酵機能を使い、35℃位で約70分、約2倍になるまで）。

静かにボウルから出し、6分割する。かたくしぼった布巾をかぶせて10分ほどおき、休ませる（ベンチタイム）。

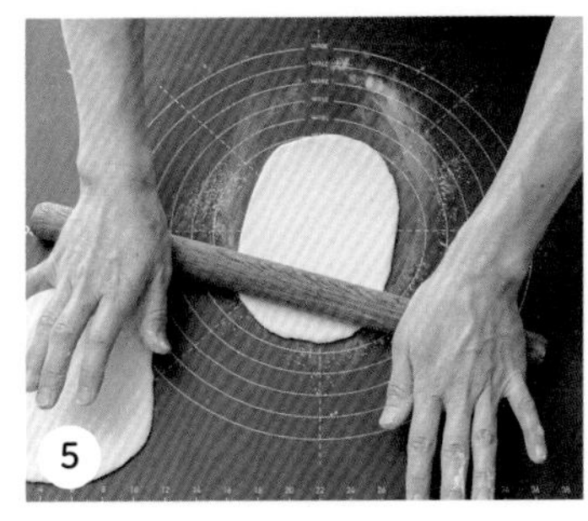

打ち粉（分量外）をした台におき、めん棒で約15cmの楕円形に薄くのばす。

熱々に熱したフライパンで、絶えずひっくり返しながら膨らむまで焼く。網にのせて冷まし（冷めるとしぼむ）、半分に切り、具をつめる。

アレンジ!

調理時間 20分（発酵時間・焼く時間を除く）

保存期間 その日のうちに食べる。冷凍なら2週間。食べるときはトースターで温める

ごま入りピタパン

粉に混ぜこむのは、ごまのほかグラハム粉もおすすめです。
薄力粉の半分を全粒粉にかえると、つぶつぶ感のある生地に。（石田）

材料（6枚分）

ピタパン生地の材料（p93）　**全量**
黒いりごま　**15g**
ごぼうとにんじんのきんぴら　**適量**
糸唐辛子（好みで）　**少々**

つくり方

❶ピタパンのつくり方（p93）の①でごまも加える。
同様に、⑥までつくる。
❷ピタパンを半分に切って、中にきんぴらを入れ、糸唐辛子をのせる。

粗熱を取ってから切ると切りやすい。

Part 6

和のおやつ・小さなおやつ

ほっこりした甘さの昔ながらの団子や
白玉などの和菓子も子どもたちは大好き！
ほかにも、旬の時期にたくさんとれる野菜や
果物を使ったおやつ、
チョコレートを使ったものなど、
手軽につくれるレシピを集めました。
どれもつくったそばからなくなるほどの人気です！

ゆでゆで団子2種（磯辺&みたらし）

10分しっかりゆでれば、中まできちんと火が通ります。
団子は、かたくならないように、片栗粉を入れるのがポイントです。（舘野）

調理時間 30分　**保存期間** その日のうちに食べる

材料（直径約2.5cm 30個分）

上新粉
200g

片栗粉
20g

砂糖
大さじ1

熱湯
約200ml

磯辺

しょうゆ
適量

海苔
適量

みたらしあん

しょうゆ
大さじ1強

砂糖
大さじ4

片栗粉
小さじ2

水
大さじ6

〈 memo 〉
- 熱湯は、こねはじめは少なく感じるが、こねているとちょうどよい固さになる。足りなければ、少し足す。
- 団子は弾力性があるので、しっかりかんで食べるとよい。

つくり方

ボウルに上新粉と片栗粉、砂糖を入れ、ゴムべらでよく混ぜる。熱湯を加え、さらに混ぜる。

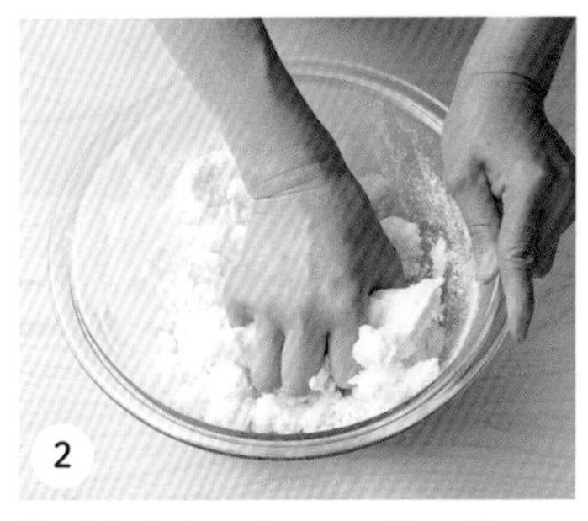

熱くなくなったら、手でぎゅっぎゅっとよくこねる。

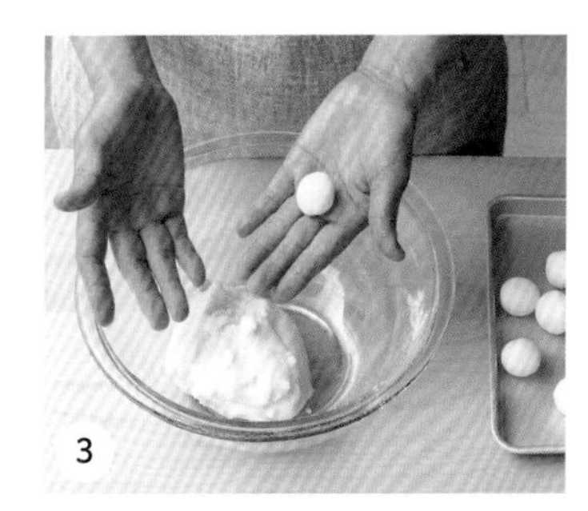

両手のひらで転がしながら、直径2.5cmの団子に丸める。

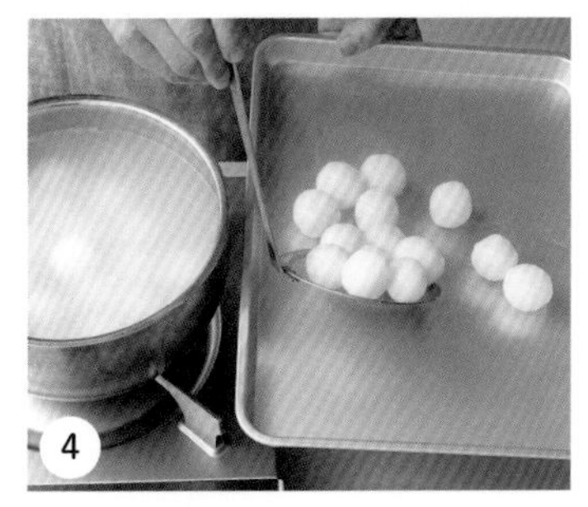

鍋に湯を沸かし、③を入れて弱〜中火で10分位ゆでる。団子を網ですくい、湯をきってバットに入れ、粗熱を取る。

④の団子の半量に、しょうゆをからめ、1cm幅に切った海苔を巻く。

みたらしあんの材料をすべて小鍋に入れ、弱火で煮立て、とろっとしたら火をとめる。残りの団子を入れ、みたらしあんをからめる。

かぼちゃのマーブル白玉

かぼちゃが入っているので、やわらかな口あたりです。
その日中に食べきれない場合は、
冷凍しておいて味噌汁に入れると、子どもが喜びます。（舘野）

調理時間 15〜20分　**保存期間** その日のうちに食べる

材料（直径2cm 約20個分）

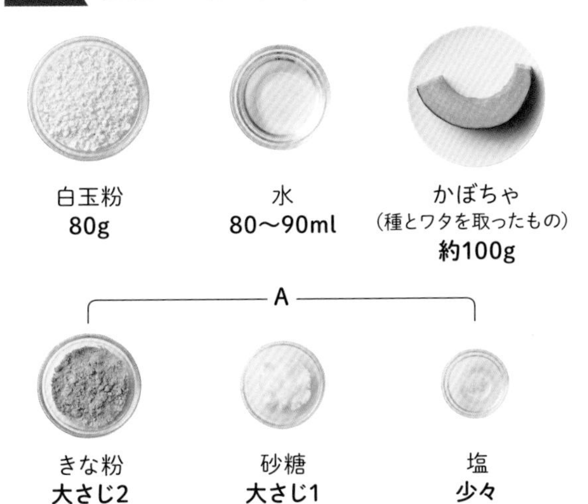

白玉粉
80g

水
80〜90ml

かぼちゃ
（種とワタを取ったもの）
約100g

A

きな粉
大さじ2

砂糖
大さじ1

塩
少々

つくり方

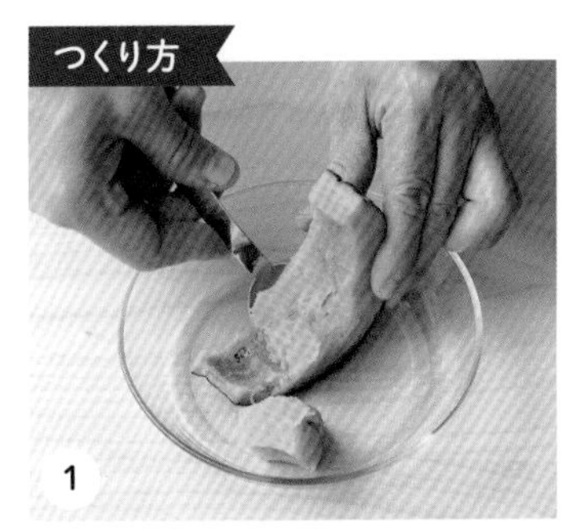

1 かぼちゃは電子レンジ（600W）で約3分加熱して粗熱を取り、スプーンで実を削り取る。

2 ボウルに白玉粉を入れ、水を少し残して加え、こねる。耳たぶくらいの固さになるよう、残した水で調節する。

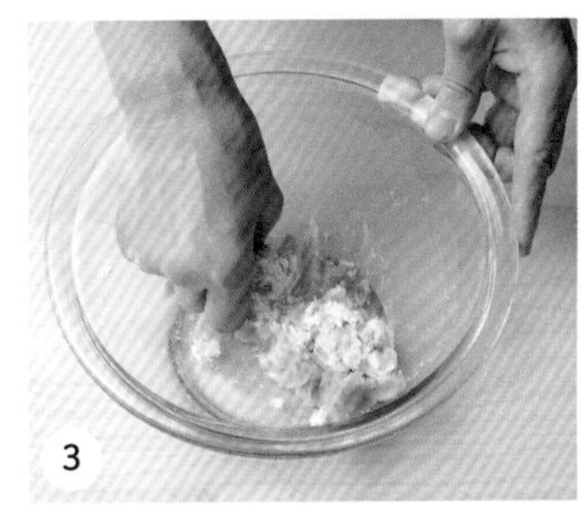

3 ②を2等分し、片方に①を加え、よくこねる（ぱさつくようなら、少し水分を加えるとよい）。

4 ③の生地をそれぞれ15cm位の棒状にし、合わせて転がし、2つ折りにして転がすを3〜4回繰り返してマーブル状にする。

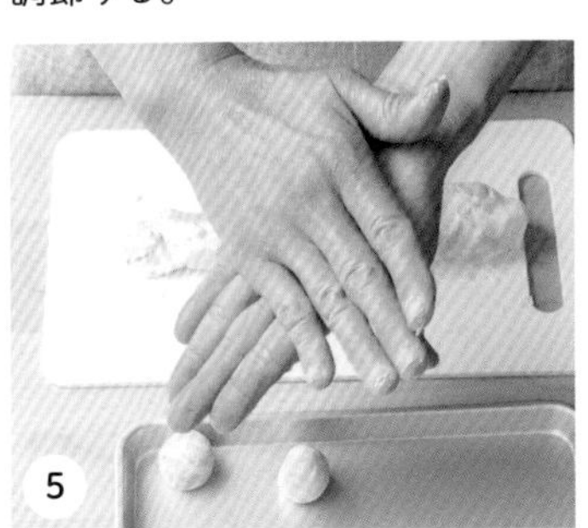

5 端から2cm位ずつちぎり、直径2cmの団子に丸める。

6 鍋に熱湯を沸かして⑤を入れ、浮き上がってから30秒ほどゆでて水に取る。水けをきって器に盛り、合わせたAをふる。

焼きおにぎり

ひと手間かけて焼くことで、香ばしい匂いが食欲をそそります。
フライパンでつくる失敗しない焼きおにぎりです。（舘野）

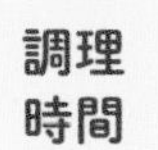

調理時間　10分　保存期間　その日のうちに食べる

材料（2個分）

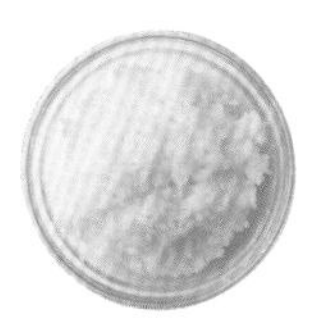

ごはん
（温かいもの）
200g

塩
適量

A

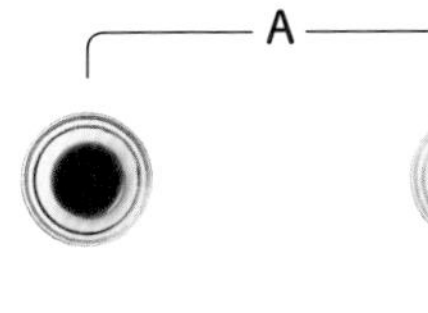

しょうゆ
小さじ½

みりん
小さじ½

サラダ油　**少々**

つくり方

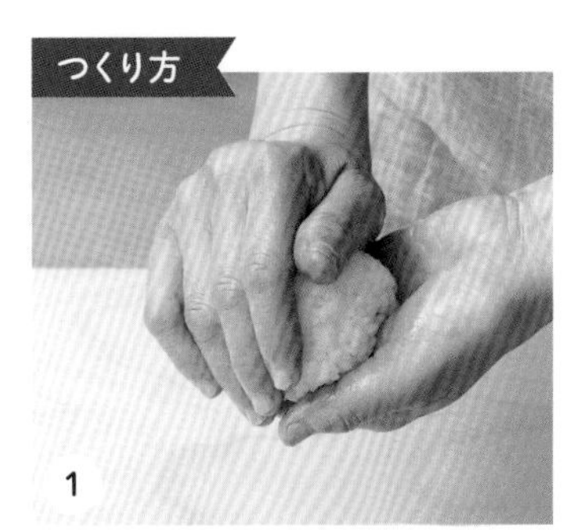

1 ごはんは2等分し、手水をして、塩をした手で、三角にしっかりにぎる。

2 フライパンにサラダ油をひき、①を並べ、中〜強火で1分ほど焼く。

3 少し焼きめがついたら裏返し、同様に焼く。

4 弱〜中火にし、合わせたAの半量をスプーンでぬり広げる。

5 こんがり色づいたら返し、④と同様に残りのAをぬって焼く。

ちりめんじゃこ（大さじ山1）、5mm角に切ったプロセスチーズ（20g）を混ぜて焼いてもおいしい。

りんごのクランブル風

甘くソテーしたりんごと、サクサクのパン粉がよく合います！
仕上げに粉砂糖をかけてもおいしく召し上がれます。（藤野）

調理時間 15～20分　**保存期間** その日のうちに食べる

材料（2人分）

りんご **1個**

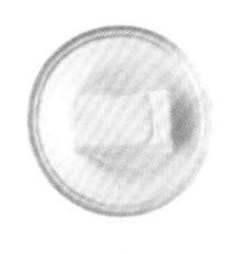

バター **10g**

グラニュー糖（または砂糖） **30g**

薄力粉 **小さじ1**

レモン汁 **大さじ1**

A

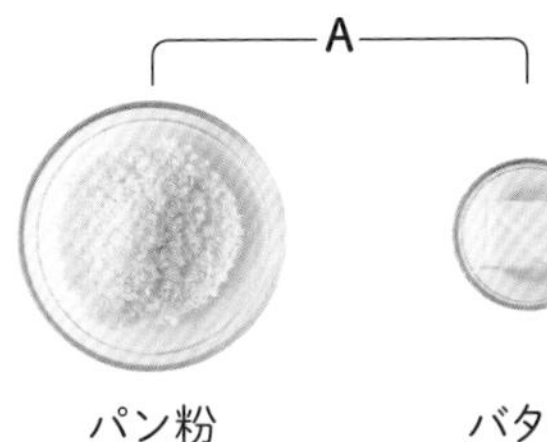

パン粉 **大さじ4**

バター **約10g**

つくり方

1. りんごは洗い、皮つきのまま8等分に切り、種を取って1cm幅のいちょう切りにする。

2. フライパンにバターをとかし、白い泡が出てきたら、①を入れてソテーする。

3. バターがからんだら、グラニュー糖を入れてなじませ、弱火でりんごが半透明になるまで炒める。

4. ③に薄力粉を入れて全体にまぶし、とろみをつけながら、りんごがしんなりするまで炒める。

5. りんごがしんなりしたら、レモン汁を加え、沸いたら器に盛る。

6. フライパンにAのバターをとかし、パン粉を加えて弱火できつね色になるまで炒め、⑤にかける。

野菜チップ（じゃが芋・れんこん・さつま芋）

揚げたてにさっと塩をふって、パリパリの食感を味わって。
じゃが芋とれんこんは切ると色がかわるので、揚げる直前に切りましょう。（荻田）

調理時間 1種類につき20分

保存期間 完全に冷めてから密閉容器に入れて
翌日まで

材料（つくりやすい分量）

じゃが芋
1個

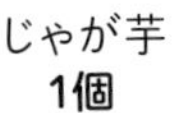

れんこん
1節

さつま芋
½本

揚げ油（サラダ油、太白ごま油など）　**適量**
塩　**適量**

〈 memo 〉
低温で、ゆっくり揚げることでパリパリの食感に。

つくり方

1
さつま芋は皮をよく洗い、水けをよくふき取る。れんこんとじゃが芋は皮をむく。芋類はスライサーで、れんこんは包丁で薄切りに。

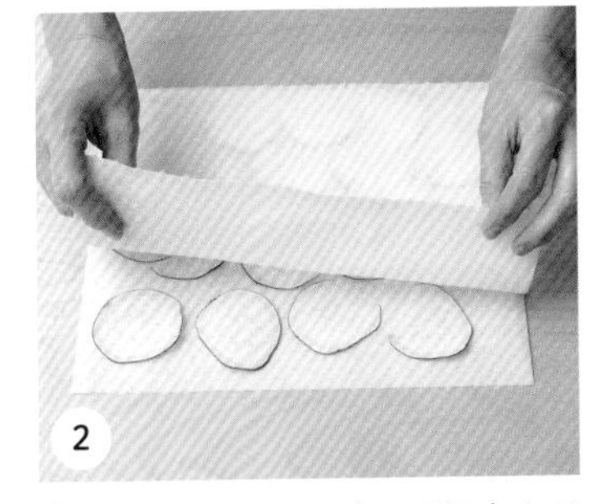
2
①をキッチンペーパーではさんで水けをふき取る。

3
フライパンに揚げ油を1cmほど入れて160°Cに熱し、②を1種類ずつ、油の表面積の8割位になるように入れる。

4
野菜から出てくる泡が少なくなり、きつね色になったらバットにあげる。これを繰り返す。

5
好みで塩をふる（ボウルに入れて塩をふり、混ぜても）。

大学芋

フライパンにさつま芋、サラダ油、砂糖を入れて、あとは火にかけるだけ。
外はカリカリ、中はホクホクの、びっくりするほど簡単な大学芋です。（伊藤）

調理時間 15分（水にさらす時間を除く）

保存期間 容器に入れてふたをせず、冷蔵庫で2日

材料（つくりやすい分量）

さつま芋　**2本**（400g）
サラダ油　**鍋底に高さ1cm弱位**（約70g）
砂糖　**100g**

〈 memo 〉
・フライパンはフッ素樹脂加工のものを使う。
・フライパンに残った油は、冷えると砂糖が結晶化して下に沈むが、そのまま炒めものなどに使える。

さつま芋に焼き色がついたら裏返し、しっかり火を通す。

つくり方

❶さつま芋を乱切りにし、水に10分ほどさらす。ざるにあげて水けをよくきる。
❷深めのフライパンに①を入れ、上からサラダ油、砂糖をかけて混ぜずにふたをし、火をつける。途中混ぜないで、約5分中火にかける。
❸さつま芋の上下を返してふたをして、さらに5分ほど中火弱にかける。
❹ふたをあけてさつま芋を返し、芋がきれいに色づき、砂糖が飴状になるまで火にかける（箸で蜜をつまんで糸状に粘りが出てくるまで）。
❺熱いうちに網つきのバットに芋と芋がつかないようにあげ、冷ます。
＊翌日食べる場合は、オーブントースターで温める。

大豆バー／ミックスナッツバー

大豆やミックスナッツのほか、きな粉やごまでもつくれます。
牛乳といっしょにどうぞ。（荻田）

調理時間　15分（焼く時間を除く）

保存期間　密閉容器に入れて冷蔵庫で3日

材料（18×8×高さ6cmのパウンド型 1台分）

バター　**30g**
砂糖　**10g**
はちみつ　**大さじ½**
大豆（ドライパック）　**50g**
A　薄力粉　**50g**
　ベーキングパウダー　**小さじ¼**

〈準備〉
- Aは合わせてふるっておく。
- 型にクッキングシートをしく。
- オーブンは180℃に予熱する。

つくり方

❶鍋にバター、砂糖、はちみつを入れ、中火にかけてとかして混ぜ、火をとめる。
❷大豆とAを加えて、ゴムべらで混ぜる。
❸②を型に入れて平らにならす。
❹180℃のオーブンで25〜30分焼く。型ごと冷まし、粗熱が取れたら6等分に切る。
＊ミックスナッツバー（写真左）は、材料の大豆をミックスナッツ（無塩）50gにし、同様につくる。

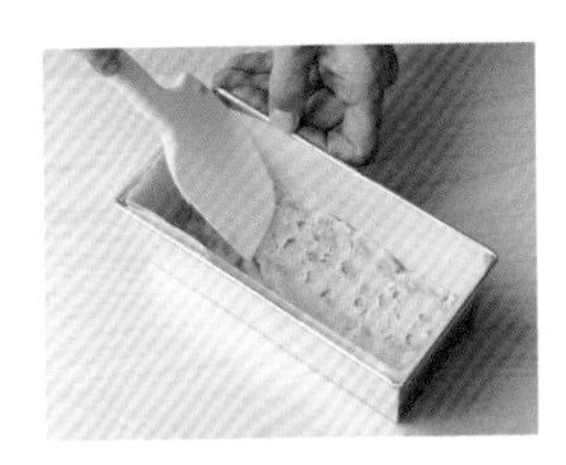

ゴムべらなどで表面を平らにならす。

チョコディップ

ディップづくりは、子どもといっしょに楽しんで！
マシュマロやクッキーなど、好みのものでディップしてください。（藤野）

調理時間 20分（ディップをかためる時間を除く）

保存期間 その日のうちに食べる

材料（つくりやすい分量）

いちご　**適量**
バナナ　**適量**
板チョコレート（ビター・常温）　**100g**
サラダ油　**小さじ1**
アラザン　**適量**

チョコレートがとけきらなければ、さらに20秒ずつ加熱する。

つくり方

❶いちごはへたを取る（半分に切ってもよい）。バナナは皮をむいて約2cm幅に切る。
❷耐熱ボウルに粗くくだいたチョコレートを入れ、電子レンジ（600W）で20秒加熱し、取り出して混ぜることを4回繰り返し、チョコレートの粒をしっかりとかす。
❸チョコレートがとけたら、サラダ油を加えてゴムべらでよく混ぜる。
❹スティックや竹串などに①のいちごやバナナを刺して、③にディップする。
❺好みでアラザンをちらし、ディップがかたまるまで20分ほど、クッキングシートの上などにおいておく。夏場は冷蔵庫に5〜10分入れるとよい。
*子どもの年齢に応じて、食べる量は加減する。その場合、③で耐熱容器に取りおき、常温保存。翌日、粗くくだいたら、つくり方②の方法でチョコレートをとかして使う。

生チョコ

口の中でとろける本格的な生チョコです。
チョコレートのカカオの割合によってやわらかさがかわります。（藤野）

調理時間	20分（冷やす時間を除く）
保存期間	密閉容器に入れて、冷蔵庫で2〜3日

材料（14×14×高さ4.5cmのバット 1台分）

板チョコレート（ビター・常温） **150g**
生クリーム **120g**
水飴 **15g**
ココアパウダー **適量**

つくり方③で混ぜすぎると分離するので、つやが出たら、それ以上混ぜないこと。

つくり方

❶耐熱容器に生クリームと水飴を入れ、電子レンジ（600W）で1分30秒加熱する。
❷別の耐熱容器に粗くくだいたチョコレートを入れ、電子レンジで20秒加熱し、取り出して混ぜ、さらに20秒加熱して混ぜ、再度20秒加熱し、とかす。
❸②に①を加え、ゴムべらで泡立てないように静かにつやが出るまで混ぜる。
❹ラップをしいたバットに流し入れ、上からもぴっちりとラップをして、冷蔵庫で6〜7時間冷やしかためる。
❺冷蔵庫から取り出してラップを外し、人肌に温めた包丁で好みの大きさに切る。仕上げにココアパウダーをそっとまぶす。

グラノーラ

そのまま食べるのはもちろん、バニラアイスと混ぜたり、
ヨーグルトにかけたりと、常備しておきたいおやつです。(石田)

調理時間 15分(焼く時間を除く)

保存期間 密閉容器に入れて2週間

材料(つくりやすい分量)

オートミール　**100g**
薄力粉　**20g**
A(ナッツ類100g)
　アーモンド(ホールでもスライスでも)　**20g**
　くるみ(粗めに手で割る)　**50g**
　カシューナッツ(粗めに刻む)　**20g**
　かぼちゃの種　**10g**
オリーブオイル　**30ml**
メープルシロップ　**60ml**
B(ドライフルーツ類100g)
　レーズン(ドライ)　**30g**
　イチジク(ドライ、小さめ)　**40g**
　クランベリー(ドライ)　**30g**

〈 **準備** 〉
天板にクッキングシートをしく。
オーブンは150℃に予熱する。

つくり方

❶ボウルにオートミールと薄力粉、Aを入れてよく混ぜる。
❷オリーブオイルを入れてなじませ、メープルシロップを加えて、ゴムべらでパラパラになるまで混ぜる。
❸天板に広げ、150℃のオーブンで25〜30分焼く。途中、7〜8分おきに全体をフライ返しなどで混ぜて、まんべんなく焼けるようにする。
❹冷めたら、Bのドライフルーツ類を加えてよく混ぜる。

ムラがないように、全体にからめる。

混ぜる材料にココナッツを入れたり、ドライフルーツをパインやマンゴーにしても。

クッキングシートのラッピング術

手づくりのお菓子をプレゼントするときに使える簡単なラッピング法を紹介します。
油がしみないように加工された、クッキングシートやワックスペーパーなどで包むのがおすすめです。
包むおやつの１～２回り大きいサイズのクッキングシートを用意しましょう。

持ち手つきスクエア包み

カットしたパウンドケーキやクラッカーなど、四角いおやつを包むときにぴったりです。真ん中に置き、上下左右を折って四角く包みます。紐をクロスしてひと結びし、輪っかをつくってさらにひと結びすればできあがり。

茶巾包み

クッキーやマフィン、カップケーキなど、丸くて高さのあるものを包むときのラッピング法です。真ん中におやつを置いたら、おやつを覆うようにペーパーをまとめ、ラッピングタイやリボンなどでしばればOK。

パウンドケーキ包み

パウンドケーキを1本丸ごと包むこともできます。全体を覆うように上下左右を折って包んだら、紐などでしっかりと固定すると、持ち運ぶときに便利です。手紙や草花を添えても素敵です。

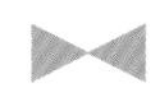

新聞紙の型のつくり方

p56で紹介したボックスカステラの新聞紙の型のつくり方です。
一度つくっておけば、繰り返し使えて重宝します。使うときは、内側にクッキングシートをしきましょう。

1

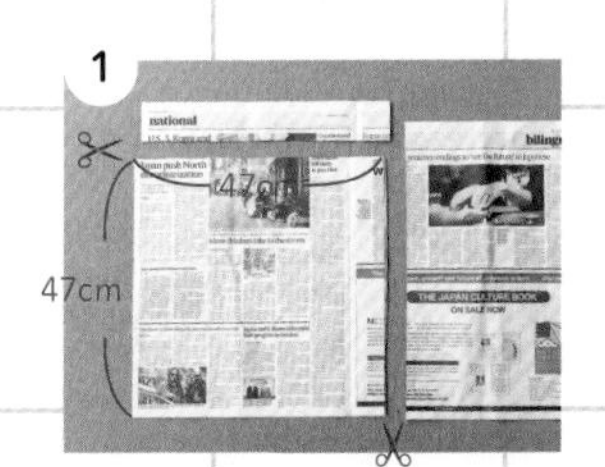

新聞紙6枚を重ねて、47cm角の正方形にハサミで切る。

2

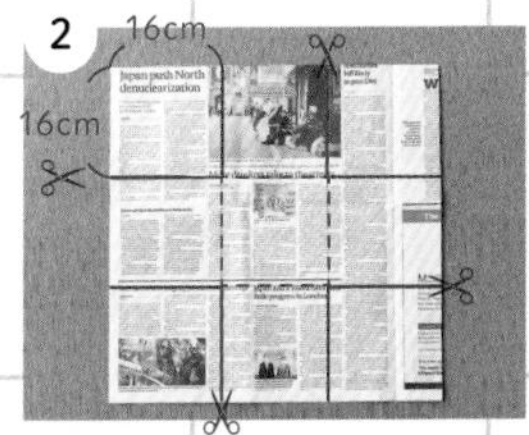

4つの角から16cmのところに4カ所切りこみを入れる。

3

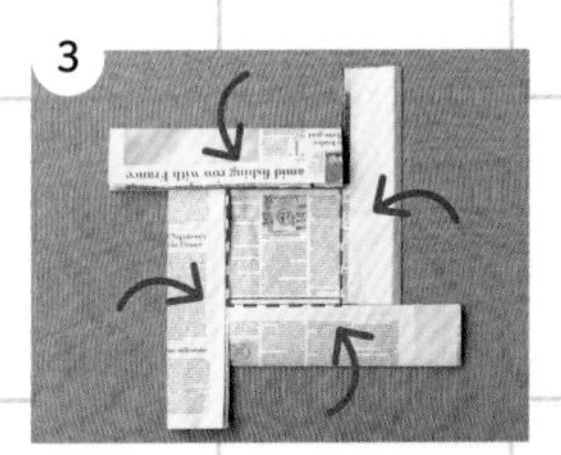

切ったところを半分の幅に折る。

4

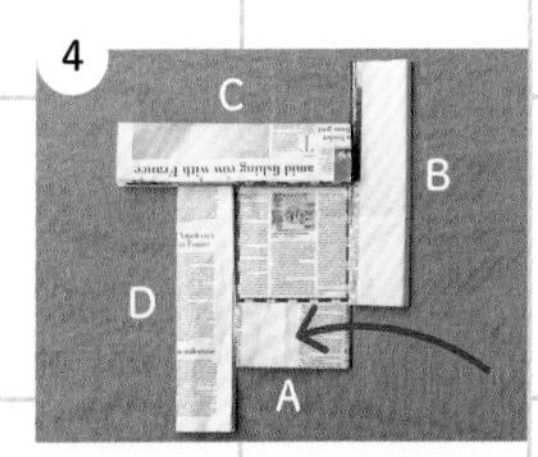

切りこみが入っているところを半分に折る。残りも同様に。

5

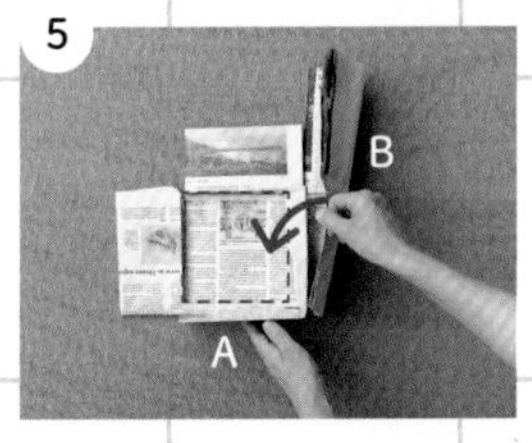

Aを点線で折り上げて折り目を開き、Bの折り目を開いてかぶせる。

6

残りも同じようにし、最後はAの折り目にDを差しこむ。

7

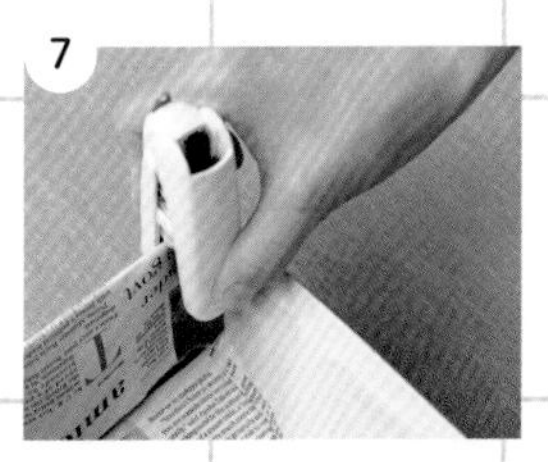

角を数カ所ホチキスでとめる。

8

できあがり。四辺に、牛乳パックなどでつくった芯を入れると丈夫になる。

指導（五十音順）

石田 薫　いしだかおる

自由学園卒業後、製菓教室でお菓子づくりを学ぶ。現在、都内のパン屋に勤務しながら経験を積む。子どものころからお菓子・パンづくりが好きで、大人になってからはパン屋巡りをしながら、オリジナルレシピを考案。子育て中でもつくりやすいお菓子と手づくりパンを研究する。高校生・中学生の2人の子どもと試食しながら、レシピのアイデアを練る。

荻田尚子　おぎたひさこ

菓子研究家。大学卒業後、エコール辻東京（旧・エコール・キュリネール国立辻製菓専門カレッジ）に入学。青山のフランス菓子店で2年勤務した後、料理研究家・石原洋子さんのアシスタントを務め、現在は雑誌やテレビなどで幅広く活躍する。初心者でも失敗せず、手軽につくれるお菓子に定評がある。著書に『ホットケーキミックスで愛されお菓子』（学研プラス）など多数。

舘野鏡子　たてのきょうこ

料理研究家。桐朋学園大学ピアノ科卒業。在学中に「NHKきょうの料理コンクール」に入賞したことがきっかけで料理の世界に入る。NHK「きょうの料理」の料理アシスタントを経て独立。簡単でアイデアあふれる家庭料理やひと手間加えるだけでぐんとおいしくなるお菓子を日々研究する。『はるくんとるいちゃん　はじめてのパンケーキ』（共著・婦人之友社）ほか著書多数。

藤野貴子　ふじのたかこ

菓子研究家。大学卒業後、父のフレンチレストラン「カストール」でデザートを担当し、その後渡仏。老舗レストランでパティシエールを務めながら、フランス各地を巡り、地方菓子を学ぶ。帰国後は、「本場のフランス菓子」と「家庭のおやつ」の２つのアプローチでお菓子教室を主催。雑誌やテレビなどでも活躍する。著書に『これがほんとのお菓子のきほん』（成美堂出版）など多数。

今日の3時にまにあう おやつ

2021年10月15日　第1刷発行
2022年 4月20日　第3刷発行

編集人　小幡麻子
発行人　入谷伸夫
発行所　株式会社 婦人之友社
〒171-8510　東京都豊島区西池袋2-20-16
電話 03-3971-0101（代表）

印刷・製本　シナノ書籍印刷株式会社

撮影　元家健吾
スタイリング　深川あさり
デザイン　塚田佳奈（ME&MIRACO）
レシピ協力　伊藤佳代（p106）
小野理絵（p58）
編集　吉塚さおり

ISBN978-4-8292-0969-1